몽골어 필수 단어장

예문으로 배우는

Монгол хэлний өргөн хэрэглээний үгсийн жишээ өгүүлбэртэй сурах

어트경체첵
담딘수렌
지음

문예림

http://www.bookmoon.co.kr

예문으로 배우는 몽골어 필수 단어장

초판 1쇄 인쇄   2016년 5월 25일
초판 1쇄 발행   2016년 6월 5일

지은이 어트겅체첵 담딘수렌(Otgontsetseg Damdinsuren)
발행인 서덕일
펴낸곳 문예림
주소 경기도 파주시 회동길 366 (10881)
전화 (02)499-1281~2
팩스 (02)499-1283
E-mail info@bookmoon.co.kr

출판등록 1962.7.12 (제406-1962-1호)
ISBN 978-89-7482-867-7 (12730)

잘못된 책은 구입하신 서점에서 교환하여 드립니다.
본 책은 저작권법에 의해 보호를 받는 저작물이므로 무단 전재와 복제를 금합니다.

머리말

　'예문으로 배우는 몽골어 필수 단어장'은 몽골어를 배우는 한국인 학습자들을 위한 기본 단어 소사전으로서, 가나다순으로 한국에서 제일 사용 빈도가 높은 어휘들과 예문을 선정하였습니다.

　본 단어장은 몽골어 학습에 열정을 가지고 공부하는 학습자들이 몽골어와 쉽게 친숙해지고 암기하기 쉽도록 사용 예문을 엄선하여 학습효과를 최대화할 수 있도록 배려하였습니다. 이 단어장에서 사용한 예문의 특징은 몽골인들이 일상에서 가장 많이 사용하는 언어들로 구성된 점입니다. 몽골어를 학습하는 학습자들이 단어를 익히면서 그 단어가 문장 속에서 어떤 의미를 가지고 있는지 또 그것을 어떻게 활용하는지 쉽게 알 수 있게 하였습니다.

　따라서 본 단어장이 채택한 약 1,500 여개의 기본 단어를 제시한 다양한 예문과 함께 익힌다면 몽골어 실력이 향상되고, 어휘력에 도움이 될 것이라 믿습니다.

　본 단어장은 초중급 학습자들을 위한 '단어장'으로 기본 언어 공부에 초점을 두고 전문적인 어휘들을 담아내지 않았습니다. 본 '예문으로 배우는 몽골어 필수 단어장'을 편찬하기 위해 수고해주신 관계자 분들께 감사의 인사를 드리며 앞으로 이 단어장을 바탕으로 하여 더 나은 사전을 편찬하도록 노력하겠습니다.

　끝으로, 학습자 여러분들께서 본 단어장을 적극 활용하시기를 바라며 한국에서 몽골어가 더욱 사랑받을 수 있도록 아낌없는 지지와 성원을 부탁드립니다.

어트겅체첵 담딘수렌
2016년 6월 Otgontsetseg Damdinsuren

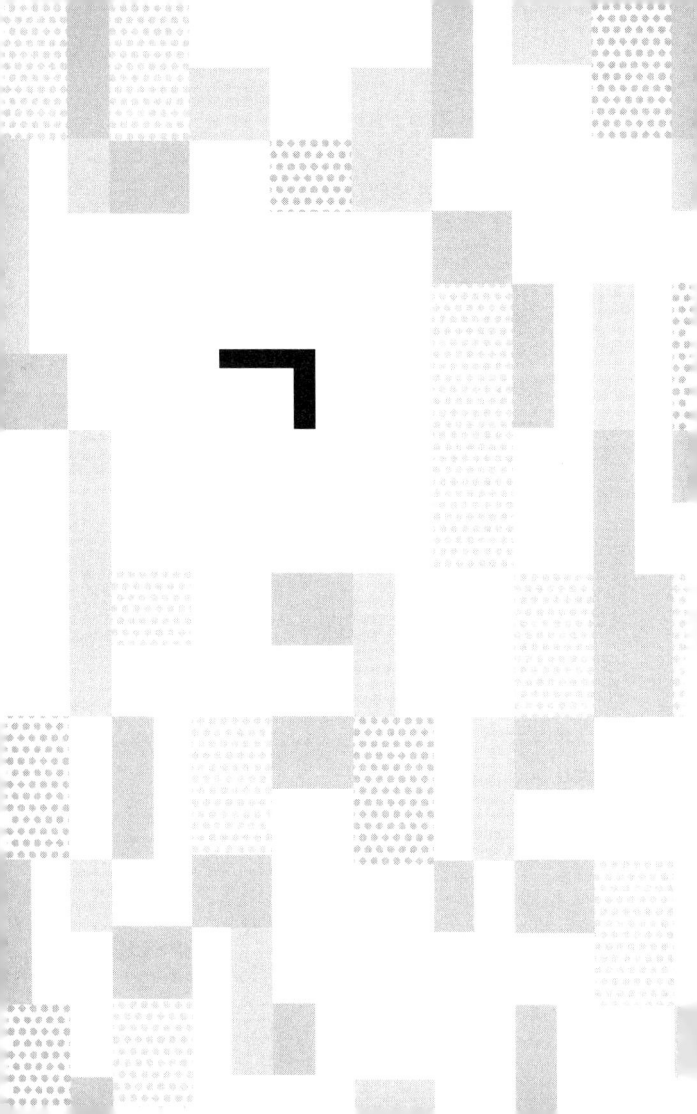

가까운 ойр, ойрын

나는 가까운 거리에서 그것을 관찰했다.
Би ойрын зайнаас тэр зүйлийг ажигласан.

그 사람은 나와 아주 가까운 사이이다.
Тэр хүнтэй би их ойрын харилцаатай.

가까이 ойр, ойрхон, хажууд

그는 네 가까이에서는 아무것도 말하지 않을 것이다.
Тэр миний хажууд юу ч хэлэхгүй.

이 가까이 병원이 있습니까?
Энд ойрхон эмнэлэг байна уу?

가다 явах

공원에 갑니다.
Цэцэрлэгт хүрээлэн рүү явна.

당신 시계는 정확히 가고 있습니까?
Таны цаг таарч яваа юу?

가득찬 дүүрэн, бүтэн

가득 넣어주세요.
Савыг дүүртэл хийгээрэй.

홀은 사람들로 가득찼다.
Танхим хүмүүсээр дүүрэн байна.

가르치다 заах

그녀는 내게 피아노를 가르친다.
Тэр эмэгтэй надад төгөлдөр хуур заадаг.

길을 잘 가르쳐 주신 덕분에 빨리 찾아 올 수 있었다.
Зам сайн зааж өгсөн болхоор хурдан олж ирж чадлаа.

가리키다 заах, чичих

선생님은 내가 틀린 곳을 가리켜 주셨다.
Багш миний алдааг зааж өгсөн.

사람을 손가락으로 가리키는 것은 좋지 못하다.
Хүнийг хуруугаараа чичих муухай.

가격 үнэ

가격인상, 가격인하, 구입가격, 소매가격, 정가
үнийн өсөлт, үнийн бууралт, худалдаж авах үнэ, жижиглэнгийн үнэ, жинхэнэ үнэ

한국에서는 땅값이 계속 오르고 있다.
Солонгост газрын үнэ өссөөр байна.

음악회 입장권은 2만 투그릭이다.
Тоглолтын тасалбар хорин мянган төгрөгийн үнэтэй.

가공 боловсруулалт
가공무역 боловсруулалтын гадаад худалдаа
가공산업 боловсруулах үйлдвэрлэл

가구 тавилга

얼마전에 그들은 예쁘고 편안한 가구를 장만했다.
Тэд саяхан шинэ тавилгатай болсон.

역삼동에 가구 가게들이 많다.
Ёгсам хороололд тавилгын дэлгүүр их байдаг.

가끔 хаяая

나는 가끔 그들을 지하철에서 만난다.
Би хааяа тэдэнтэй метронд дайралддаг.

그는 가끔 술을 마셔요.
Тэр хааяа архи уудаг.

가난 ядуу

가난은 죄가 아니다.
Ядуу зүдүү байх нь гэм биш.

작가는 가난한 농사꾼의 가정에서 태어났다.
Зохиолч ядуу тариачны гэр бүлд төрсөн.

가느다란 нарийн, нимгэн

정밀한 기계, 까다로운 일
нарийн багаж төхөөрөмж, нарийн төвөгтэй ажил

얇은 종이
нимгэн цаас

가능성 боломж

그 사람한테는 가능성이 많다.
Тэр хүнд боломж их байна.

본인의 가능성을 놓치면 안된다.
Өөрийн боломжийг алдаж болохгүй.

가능하다 боломжтой, аль болох

가능한 빨리, 가능한 쉽게
аль болох хурдан, аль болох амархан

구입하기 가능한 물건
олох боломжтой бараа

가방 цүнх

서류 가방
бичиг хэргийн цүнх

여행 가방
аяллын цүнх

가벼운 хөнгөн, хөнгөхөн

가벼운 음악, 가벼운 운동
хөнгөн хөгжим, хөнгөн дасгал

가벼운 짐
хөнгөхөн ачаа

가스 гааз, хий, унгас

이 기체의 화학성분을 규명해야 한다.
Энэ хийн химийн найрлагыг тодорхойлох хэрэгтэй.

형은 가스공장에 취직했다.
Ах гаазны үйлдвэрт ажилд орсон.

가엽다 өрөвдөлтэй

나는 이 개가 가엽다.
Би тэр нохойг их өрөвдсөн.

그를 쳐다보면 애처롭다.
Түүнийг харахаас өрөвдөлтэй.

가운데 дунд, төвд, голд

마을한복판에, 한여름에, 담화 중에
тосгоны төвд, зуны дунд сар, яриан дунд

그녀는 테이블 중앙에 꽃병을 놓았다.
Тэр эмэгтэй ширээний голд цэцгийн ваар тавив.

광장 중심에 큰동상이 있다.
Талбайн төвд том хөшөө байдаг.

가운데에 дунд

우리들 가운데에 범인이 있다.
Бидний дунд гэмт хэрэгтэн байна.

학생들 가운데에 운동선수들이 많다.
Оюутнуудын дунд тамирчид олон байдаг.

가위 хайч

내 가위가 어디에 있는지 아십니까?
Миний хайчийг харсан уу?

점원이 커다란 가위로 천을 자른다.
Ажилчин том хайчаар даавууг хайчилдаг.

가을 намар

그녀는 가을맞이 준비를 하고 있다.
Тэр эмэгтэй намрын бэлтгэл хийж байна.

학교 수업은 가을에 시작된다.
Сургууль намар ордог.

가입 бүртгэл, элсэлт

2학년이 되자 그들은 스터디 그룹에 가입했다.
Хоёрдугаар курст(ангид) ороод тэд дугуйланд элссэн.

입학고사 등록이 내일 마감이다.
Элсэлтийн шалгалтын бүртгэл маргааш дуусна.

가장 хамгийн

나는 가장 아름다운 아가씨를 그곳에서 보았다.
Хамгийн үзэсгэлэнтэй бүсгүйг би тэр газар харсан.

그는 문제의 가장 쉬운 해결 방법을 찾아냈다.
Тэр бодлогын хамгийн амархан шийдлийг олсон.

가져다주다 авчирч өгөх

이 물건을 다음 주에 저에게 가져다주시면 됩니다.
Энэ барааг дараа долоо хоногт надад авчирч өгвөл болно.

가져오다 авчирах

나는 재미있는 책을 당신에게 가져 왔습니다.
Би танд сонирхолтой ном авчирлаа.

당신의 편지는 우리에게 항상 커다란 즐거움을 가져옵니다.
Таны захиа бидэнд үргэлж баяр баяслыг авчирдаг.

가족 гэр бүл

대가족, 단란한가정, 온가족
өнөр бүл, цомхон айл, гэр бүлээрээ

휴일마다 온 가족이 식탁에 둘러앉았다.
Амралтын өдөр бүр гэр бүлээрээ цуг хооллодог.

이번 여름에 가족과 여행을 가려고 합니다.
Энэ зун гэр бүлийнхэнтэйгээ аяллаар явах гэж байгаа.

가지 мөчир

어린 가지 피어나오고 있다.
Нялх мөчир дэлгэрч байна.

새가 나뭇가지에 앉았다.
Шувуу модны мөчир дээр суув.

가지고가다 авч явах

서류를 가지고 가세요.
Бичиг баримтаа авч яваарай.

개인 소지품은 꼭 가지고 가셔야 합니다.
Хувийн эд зүйлээ заавал авч явах ёстой.

까지 хүртэл

서울에서 울란바타르까지의 거리는 2000km이다.
Сөүлээс Улаанбаатар хүртэл 2000 км зайтай.

우리는 아침부터 저녁까지 일했다.
Бид өглөөнөөс орой хүртэл ажилласан.

가치가 있다 үнэд хүрэх, үнэ цэнэтэй

이 책들을 잘 보관하면 나중에 가치가 있을 겁니다.
Энэ номнуудыг сайн хадгалвал хожим үнэд хүрэх байх шүү.

가치 있는 일을 하고 싶다.
Үнэ цэнэтэй ажил хиймээр байна.

간단하게 амархан, төвөггүй

이것을 할 때 간단하다.
Үүнийг хийхэд амархан.

그는 이 일을 간단하게 할수 있다.
Тэр энэ ажлыг төвөггүй хийж чадна.

간략한 товч, хураангуй

직장 상사가 작업 과정에 대해 간략한 지시를 했다.
Дарга энэ ажлын товч зааврыг өгсөн.

역사 개요를 간략하게라도 써야 합니다.
Товч түүхийг хураангуйлаад ч болов бичих хэрэгтэй.

간신히 арай хийж, арай ядан

나는 간신히 트렁크를 들어올렸다.
Би арай хийж машины тээшээ өргөсөн.

그 가족들 은간신히 산다.
Тэднийх арай ядан амьдардаг.

간주하다 тооцох, бодох

내일 출발 하려고 간주하고 있다.
Маргааш явахаар тооцож байна.

일을 잘 간주한 후에 보고서를 쓰세요.
Ажлаа сайн тооцож байж тайлангаа бичээрэй.

감기 ханиад

감기약 있으십니까?
Ханиадны эм байна уу?

독한 감기에 걸려서 일주일 동안 학교를 못 갔다.
Хүчтэй ханиад хүрээд долоо хоног сургуульдаа явж чадсангүй.

감사하다 баярлах

당신의 도움에 감사를 드립니다.
Таныг тусалсанд баярлалаа.

여기 계신 모든 분들께 감사의 말씀을 드리고 싶습니다.
Энд байгаа хүн бүрт баярласан сэтгэлээ илэрхийлмээр байна.

감자 төмс

나는 늘 고구마 피자나 감자 피자를 주문합니다.
Би дандаа чихэрлэг төмстэй юм уу, төмстэй пицца захиалдаг.

점심에 우리는 감자를 곁들인 고기를 먹었다.
Үдийн хоолондоо бид төмсний хачиртай мах идсэн.

감정 сэтгэлийн хөдөлгөөн

그 사람은 무척 감동적이다.
Тэр их сэтгэлийн хөдөлгөөнтэй.

감정을 절제하지 못하는 사람.
Сэтгэлийн хөдөлгөөнөө барьж чаддаггүй хүн.

감행하다 хийх, гүйцэтгэх

그가 어떻게 이것을 한단 말인가?
Тэр яаж үүнийг хийнэ гэсэн үг вэ?

그는 늘 업무를 제시간에 한다.
Тэр ажлаа дандаа цагт нь хийж гүйтцэтгэдэг.

갑자기 гэнэт

갑자기 비가 내리기 시작했다.
Гэнэт бороо орж эхэлсэн.

그가 갑자기 왔다.
Тэр гэнэт хүрээд ирсэн.

값진 үнэтэй, үнэ цэнтэй

이것은 매우 비싼 물건이다.
Энэ бол маш их үнэтэй эд байгаа юм.

그녀는 값진 선물을 준 친구들에게 늘 고맙게 생각한다.
Тэр эмэгтэй үнэ цэнтэй бэлэг өгсөн найз нартаа дандаа баярлаж явдаг.

강당 танхим

대학 강당에서는 외국에서 온 학생들의 강연이 있었다.
Их сургуулийнхэн танхимд гадаад оюутнуудын илтгэлийг хэлэлцсэн.

강당에 사람이 너무 많아요.
Танхимд олон хүн байна.

강력한 хүчирхэг, хүчтэй

막강 육군, 강국
хүчирхэг явган цэрэг, хүчирхэг улс

강력한 무기, 강력한 국가, 우렁찬 목소리
хүчтэй зэвсэг, хүчирхэг улс, хүчтэй хоолой

강요하다 хүчлэх, албадах

너의 대답을 강요하진 않겠다.
Чамайг хариулахыг албадахгүй.

그 무엇도 그가 이 일을 하라고 강요하지는 않는다.
Тэр ажлыг хий гэж албадсан юм байхгүй.

강의 лекц, хичээл

오늘 강의가 몇 시간이나 있습니까?
Өнөөдөр хэдэн цагийн хичээлтэй вэ?

2학년 한국사 강의는 저명한 교수가 담당하고 있다.
Хоёрдугаар курсын солонгосын түүхийн хичээлийг сайн багш заадаг.

나는 오늘 6시간의 강의를 들었다.
Би өнөөдөр зургаан цагийн лекц сонслоо.

강한 хүчтэй

강한 바람이 불었다.
Хүчтэй салхи салхилав.

그 씨름선수는 아주 강하다.
Тэр бөх их хүчтэй.

같다 адилхан

이렇든 저렇든 다 똑같고 마찬가지다.
Яалаач адилхан.

나는 너와 아주 닮은 사람을 보았다.
Би чамтай их адилхан хүн харсан.

개 нохой

매일 아침 그는 개를 데리고 산책을 간다.
Өглөө бүр тэр нохойгоо дагуулан салхинд гардаг.

내 동생도 개띠이고 나도 개띠이다.
Миний дүүч нохой жилтэй би ч нохой жилтэй.

개념 ойлголт, ухагдахуун

말과 개념은 별개의 것이다.
Үг яриа, ухагдахуун хоёр ялгаатай.

앞서 이 문제에 대한 상식과 개념을 가지셔야 합니다.
Юуны өмнө энэ асуудлын талаар ерөнхий ойлголттой болох хэрэгтэй байна.

깨끗이 цэвэрхэн, цэвэр

깨끗한 얼굴을 가진 그녀를 볼수록 아주 예쁘다.
Цэвэрхэн царайтай тэр эмэгтэйг харах тусам үнэхээр хөөрхөн юмаа.

그는 항상 깨끗이 옷을 입는 깨끗한 사람이다.
Тэр үргэлж цэвэрхэн хувцасладаг, цэвэр цэмцгэр хүн.

개선 шинэчлэх, шинэчлэл

노동조건을 개선할 필요가 있다.
Хөдөлмөрийн нөхцөлийг шинэчлэх шаардлагатай.

신기술의 활용은 노동조건을 개선하는데 있어서 커다란 가능성을 열어주었다.
Шинэ технологийг ашигласнаар хөдөлмөрийн нөхцөлийг шинэчлэх ихээхэн боломж нээгдсэн.

개시|эхлэх, нээлт

박물관 개관식에 많은 사람들이 왔다.
Музейн нээлтэнд олон хүн ирсэн.

그는 물리학 분야에 커다란 발견을 했다.
Тэр физикийн салбарт том нээлт хийсэн.

개인의 хувийн

개인소유, 개인감정
хувийн өмч, өөрийн сэтгэл хөдлөл

남의 사적인 일에 참가하지 마세요.
Бусдын хувийн хэрэгт битгий оролцоорой.

나는 그 사람과 개인적으로 만났으면 합니다.
Би тэр хүнтэй хувиараа уулзах гэсэн юм.

거닐다 алхах

우리는 잠시 공원을 거닐었다.
Бид цэцэрлэгээр түр алхсан.

환자는 잠시 거닐다 다시 누웠다.
Өвчтөн түр алхаж байснаа буцаад хэвтлээ.

거리 гудамж

거리는 교통이 혼잡하다.
Гудамжны замын хөдөлгөөн эмх замбраагүй.

시내 중앙으로 들어가서 구경 좀 하고 싶다.
Хотын төв гудамжаар орж жаахан юм үзмээр байна.

거리 зай

~에서 먼 곳에, 10km의 거리에
-аас хол газарт, 10 км-ын зайд

그는 가까운 거리에서 그림을 살펴보고 있다.
Тэр ойрын зайнаас зургийг ажиглан харж байна.

거울 толь, толь бичиг

그녀는 자기 모습을 거울로 비춰보고 있다.
Тэр эмэгтэй өөрийгөө толинд харж байна.

눈은 마음의 거울이다.
Нүд бол хүний сэтгэлийн толь юм.

국어사전 тайлбар толь бичиг

거절하다 татгалзах

그들은 우리의 도움을 거절했다.
Тэд бидний тусламжаас татгалзсан.

거부권 татгалзах эрх

거짓말하다 худал хэлэх

이 소년은 거짓말을 하고 있다.
Энэ хүү худал хэлж байна.

거짓말, 거짓말쟁이
худал үг, худалч хүн

건강 эрүүл мэнд

건강체, 건강을 위해
эрүүл бие, эрүүл мэндийн төлөө

건강을 지키는 일은 가장 중요하다.
Эрүүл мэндээ хамгаалах нь хамгийн чухал.

건강하게 эрүүл, зөв

그는 사물을 건전하게 본다.
Тэр юмсыг зөвөөр хардаг.

아이들은 대기를 접하는 것이 건강에 좋다.
Хүүхдүүд агаарт гарвал эрүүл мэндэд нь тустай.

건강한 зөв, оновчтой, эрүүл

건전한 비판, 건강식품
оновчтой шүүмжлэл, эрүүл хүнсний бүтээгдэхүүн

그녀는 매우 건강하다.
Тэр эмэгтэй маш эрүүл биетэй.

건너다 гатлах, давах

기차는 국경을 넘었다.
Галт тэрэг хил давсан.

비가 많이 와서 강을 건널 수가 없었다.
Бороо их орсноос гол гатлаж чадсангүй.

건너서 дамжих, алгасах

건너서 퍼진 이야기
дамжин тархсан яриа

하루를 건너다
өдөр алгасах

건물 барилга

클럽은 멋지고 현대적인 건물 안에 있다.
Клуб орчин үеийн шинэ барилга дотор байрладаг.

고층건물 өндөр барилга

건물 барилга, байр

거기 중간에 있는 건물은 우리 학교 본관이다.
Тэр голд байгаа барилга манай сургуулийн төв байр юм.

대학에 새 건물이 세워졌다.
Их сургуулийн шинэ байр баригдсан.

건설 барилга

이 공장의 건설 책임자는 젊은 기사이다.
Энэ үйлдвэрийн барилгын ажлыг хариуцсан инженер нь залуу хүн.

그는 건축 대학에서 공부한다.
Тэр барилгын сургуульд сурдаг.

건축기사 барилгын инженер

새로운 극장 건물은 유명한 건축기사의 설계에 따라 건설되고 있다.
Театрын шинэ барилга нэртэй барилгын инженерийн зураг төслөөр баригдаж байгаа.

그 사람은 건축기사를 전공하였다.
Тэр барилгын инженерийн мэргэжилтэй.

걸리다 өлгөх

벽에 그림이 걸려 있다.
Хананд зураг өлгөөстэй байна.

옷걸이에 걸려 있는 옷을 전부 다 빨래해야 한다.
Өлгүүрт өлгөсөн хувцасыг бүгдийн угаах хэрэгтэй.

걸음 алхам

그는 앞으로 두 걸음 나가서 섰다.
Тэр урагш хоёр алхаад зогссон.

걸음마다 조심하세요!
Алхам бүрдээ болгоомжтой байгаарай!

검은 хар, муу, харанхуй

검은돈, 암담한시기, 막노동
хар мөнгө, харанхуй үе, хар ажил

나는 검은 핸드백을 샀다.
Би хар өнгөтэй гар цүнх худалдаж авсан.

게임 тоглоом

게임을 즐기다, 말장난, 불장난
тоглоомд дурлах, тоглоом шоглоом, галаар тоглох

요즘 아이들이 게임을 많이 하고 있다.
Сүүлийн үед хүүхдүүд тоглоом их тоглож байна.

겨우 арай, дөнгөж

그는 간신히 숨을 쉬고 있다.
Тэр арай гэж амьсгалж байна.

그는 하마터면 감기에 걸릴 뻔하였다.
Тэр арай л ханиад хүрчихсэнгүй.

겨울 өвөл

엄동설한, 겨울 내
тэс гим хүйтэн, дүн өвөл

우리는 겨울에 몽골로 간다.
Бид өвөл монгол руу явна.

겨울의 өвлийн

동궁, 겨울준비, 동복
өвлийн ордон, өвлийн бэлтгэл, өвлийн хувцас

나 는너에게 겨울 외투를 사주겠다.
Би чамд өвлийн гадуур хувцас худалдаж авч өгнө.

견고한 бат бөх

견고한 요새
бат бөх бэхлэлт

견고성
бат бөх чанар

견해 санал

견해를 달리 할 수가 있다.
Санал бодлын зөрүү гарч болно.

나는 선거에 내 의견을 냈다.
Би сонгуульд саналаа өгсөн.

결과 үр дүн

내일 그들은 시험 결과를 알게 될 것이다.
Маргааш тэд шалгалтын үр дүнг мэдэх болно.

열심히 한 것의 결과가 나왔다.
Хичээсний үр дүн гарав.

결론 дүгнэлт

내일까지 결론을 써 오세요.
Маргааш гэхэд дүгнэлтээ бичээд ирээрэй.

그 는옳은 결론에 도달했다.
Тэр зөв дүгнэлтэнд хүрсэн.

결승전 шийдвэрлэх тоглолт

축구 결승전은 오늘 저녁이다.
Хөл бөмбөгийн шийдвэрлэх тоглолт өнөөдөр орой болно.

우리 팀이 농구 결승전에서 이겼다.
Манай баг сагсан бөмбөгийн шийдвэрлэх тоглолтонд ялсан.

결합 нэгдэх, нэгдэл

우리가 마음으로 결합하면 이 일을 해낼 수 있다.
Бид сэтгэл санаагаараа нэгдвэл энэ ажлыг хийж чадна.

기름과 물은 쉽사리 결합되지 않는다.
Ус тос хоёр амархан холилддоггүй.

결혼하다 гэрлэх, хурим хийх

그는 친구 여동생과 결혼했다.
Тэр найзынхаа эмэгтэй дүүтэй гэрлэсэн.

그는 아들을 친구딸과 결혼시켰다.
Тэр хүүгээ найзынхаа охинтой гэрлүүлсэн.

경계 хил хязгаар

남부 경계 지방은 바다와 접해 있다.
Өмнөд нутгийн хязгаар нь далайн эрэг юм.

국경의 경비는 국경의 기둥이다.
Хилийн харуул нь хилийн багана байдаг.

경찰관 цагдаа

경찰관 이 거리에서 교통정리를 하고 있다.
Цагдаа замын хөдөлгөөнийг зохицуулж байна.

어떤 경찰관으로 하여금 길을 가리키게 하고 있다.
Нэг цагдаагаар зам заалгаж явав.

경비 харуул, эргүүл

경비를 서다
харуулд гарах

해안 경비 далайн эргийн эргүүл

경제적 эдийн засгийн

경제공황, 경제봉쇄
эдийн засгийн хямрал, эдийн засгийн уналт

서구 국가들은 효과적으로 경제 위기를 타개하고 있다.
Барууны орнуудын эдийн засгийн хямралынхаа эсрэг явуулсан арга хэмжээ нь үр дүнтэй байна.

경찰 цагдаа

경찰관리, 경찰지서
цагдаагийн ажиллагаа, цагдаагийн хэсэг

경찰관에게 물어보세요.
Цагдаагийн ажилтнаас асуугаарай.

경영 удирдлага

공장경영
үйлдвэрийн удирдлага

그 상점을 미국인이 경영한다.
Тэр дэлгүүрийг америк хүн ажиллуулдаг.

경쟁 өрсөлдөөн

시장경쟁
зах зээлийн өрсөлдөөн

시합이 아주 경쟁적이었다.
Тэмцээн их өрсөлдөөнтэй болсон.

경험 туршлага

그 회사에 들어가려면 경험이 있어야 한다.
Тэр компанид ороход туршлага хэрэгтэй

그 수업을 경험이 많은 선생님이 가르치신다.
Тэр хичээлийг туршлагатай багш заадаг.

계급 үе давхарга

사회는 계급으로 나누어져 있다.
Нийгэм нь үе давхаргуудад хуваагддаг.

그 나라는 계급 투쟁이 있어왔다.
Тэр улс нийгмийн үе давхаргын хоорондын зөрчил байсаар ирсэн.

계단 шат

에스컬레이터
урсдаг шат

엘리베이터
цахилгаан шат

그는 계단을 올라갔다.
Тэр шатаар өгссөн.

계산 тооцоо

암산, 계산서
цээжээр бодох, тооцооны хуудас

계산서를 주세요.
Тооцооны хуудсаа өгөөрэй.

원가 계산을 했다.
Бүтээгдэхүүний үндсэн үнийг тооцож гаргав.

그녀는 계산 착오를 했다.
Тэр эмэгтэй буруу тооцоолсон.

계속하다 үргэлжлүүлэх

그는 자기 일을 계속하고 있다.
Тэр ажлаа үргэлжлүүлсээр байна.

그녀는 독서를 계속했다.
Тэр эмэгтэй номоо үргэлжлүүлэн уншсан.

계약 гэрээ

구매계약, 평화조약, 통상협정, 불가침조약
худалдан авах гэрээ, энх тайвны хэлэлцээр, улс хоорондын худалдааны гэрээ, харилцан үл довтлох гэрээ

우리는 우호협정을 체결했다.
Бид найрамдлын гэрээ байгуулсан.

계획 төлөвлөгөө

5개년 계획을 가지고 일한다.
Таван жилийн төлөвлөгөөтэй ажиллаж байна.

만사가 계획대로 진행되었다.
Бүх зүйл төлөвлөгөөний дагуу хийгдсэн.

고기 мах

그는 고기스프를 좋아한다.
Тэр махтай шөлөнд дуртай.

점심식사는 스프와 감자를 곁들인 스테이크가 나왔다.
Үдийнхоолонд шөл, төмснийхачиртай давтсан мах өгсөн.

고대의 эртний

옛풍습, 노인
эртний уламжлал, өндөр настан

그는 고대사를 연구한다.
Тэр эртний түүх судалдаг.

꼬리 сүүл

열차후미, 뒤에서
цувааны сүүлийн галт тэрэг, араас нь

토끼는꼬리가 짧다.
Туулай богинохон сүүлтэй.

고맙습니다 баярлалаа

많은 도움을 주셔서 고맙습니다.
Тусалж дэмжиж байсанд тань баярлалаа.

당신의 도움에 고맙습니다.
Таныг тусалсанд баярлалаа.

고요하게 чимээгүй, аяархан

그는 조용히 말했다.
Тэр аяархан хэлсэн.

조용히 하세요, 아이가 자고 있어요.
Чимээгүй, хүүхэд унтажбайна.

곡물 үр тариа

어제 곡물트럭이 도착했다.
Өчигдөр үр тариа ачих ачааны машин ирсэн.

올해는 곡식이 풍년이다.
Энэ жил үр тарианы ургац сайн байна.

곧 удахгүй, мөдхөн

우리는 곧 가겠습니다.
Бид удахгүй ирнэ.

집으로 곧 가거라.
Гэр лүүгээ удахгүй яваарай.

바로 우리에게 오세요.
Шууд бидэн дээр ирээрэй.

곧 가겠다.
Мөдхөн очно.

골동품 эртний эдлэл

골동품은 아주 비싸다.
Эртний эдлэл их үнэтэй.

저 사람은 골동품을 수집한다.
Тэр хүн эртний эдлэл цуглуулдаг.

공 бөмбөг

당구공, 기구, 지구
билльярдын бөмбөг, агаарын бөмбөлөг, дэлхийн бөмбөрцөг

소년은 공2개를 가지고 있다.
Хүүхэд хоёр ширхэг бөмбөг барин зогсоно.

공간 орон зай

공간과시간, 진공
цаг хугацаа ба орон зай, вакум орчин

무한의공간
хязгааргүй орон зай

공기 агаар

공중에, 공습
агаарт, агаарын дайралт

신선한 공기를 마신다는 것은 즐거운 일이다.
Цэвэр агаараар амьсгалах гэдэг сайхан.

공기의 агаарын

공간, 항공교통수단, 공습경보
орон зай, агаарын тээврийн хэрэгсэл,
агаарын дайралтын түгшүүр

도시상공에서 공중전이 시작됐다.
Хотын дээгүүр агаарын тулалдаан эхэлсэн.

공부 хичээл

외국어를 배우려면 노력과 시간이 필요하다.
Гадаад хэлийг сурахын тулд цаг хугацаа, хичээл зүтгэл хэрэгтэй.

수업이 9시에 시작한다.
Хичээл 9цагт эхлэдэг.

공업 үйлдвэрлэл

중공업, 경공업, 공예
хүнд аж үйлдвэр, хөнгөн үйлдвэрлэл, урлал

최근 한국은 조선업 분야에 서커다란 성과를 거두었다.
Сүүлийн үед солонгосын усан онгоцны үйлдвэрлэлийн салбар эрчимтэй хөгжиж байгаа.

공업의 аж үйлдвэрийн

공업지대, 산업자본주의
аж үйлдвэрийн хороолол, аж үйлдвэржсэн хөрөнгөтний нийгэм

다르항시는 몽골의 대표적인 산업 중심지이다.
Дархан хот бол Монгол улсын аж үйлдвэрийн төв юм.

공원 цэцэрлэгт хүрээлэн

나는 공원에 산책을 나갔다.
Би цэцэрлэгт хүрээлэнд салхилахаар явсан.

시내 공원이 어디 있어요?
Хотын цэцэрлэгт хүрээлэн хаана байдаг вэ?

공장 үйлдвэр

기계제작공장, 자동차공장
тоног төхөөрөмжийн үйлдвэр, машины үйлдвэр

도시에서 멀리 떨어지지 않은 곳에새 공장이 들어서고 있다.
Хотоос холгүй шинэ үйлдвэр баригдаж байгаа.

방직공장
нэхмэлийн үйлдвэр

내 형은 아동복 공장에서 일한다.
Ах маань хүүхдийн хувцасны үйлдвэрт ажилладаг.

공책 дэвтэр

나는 두꺼운 공책 두권이 필요하다.
Надад хоёр ширхэг зузаан дэвтэр хэрэгтэй.

그는 공책을 펴고 강의 요지를 적었다.
Тэр дэвтрээ нээгээд лекцийн гол агуулгыг бичиж авсан.

공포 айдас

무서워서, 죽음의두려움속에
айсандаа, үхлийн айдаст автах

공포에 사로잡힌, 아이구 무서워라?
Айдаст автсан, ямар аймаар юм бэ?

공항 нисэх онгоцны буудал

공항은 도시의 공중 출입문이다.
Онгоцны буудал бол хот руу орох агаарын хаалга мөн.

우리는 공항으로 친구를 마중나갔다.
Бид онгоцны буудал руу найзыгаа тосохоор явсан.

공헌 хувь нэмрээ оруулах, гавьяа байгуулах

러시아 작가들은 세계문학에 커다란 공헌을 했다.
Оросын зохиолчид дэлхийн уран зохиолын салбарт том хувь нэмэр оруулсан.

그 선수는 스포츠 발전에 많은 공헌을 했다.
Тэр тамирчин спортын хөгжилд их хувь нэмэр оруулсан.

공화국 Бүгд Найрамдах Улс

대한민국
Бүгд Найрамдах Солонгос Улс

소련은 15개공화국으로 구성됐었다.
ЗХУ арван таван бүгд найрамдах улсаас бүрддэг байсан.

꽃 цэцэг

우리는 꽃을 들고 손님을 맞이했다.
Бид цэцэг барин зочноо угтсан.

이 식탁에는 노란색 꽃이 어울립니다.
Энэ ширээн дээр шар өнгийн цэцэг зохиж байна.

과거 өнгөрсөн

나는 과거의 일을 후회 안 한다.
Би өнгөрсөн юманд харамсдаггүй.

이미 끝난 일이다.
Хэдийн өнгөрсөн хэрэг.

과제 даалгавар

나는 당신이 준 과제를 마칠 수 없었다.
Би таны өгсөндаалгаврыг дуусгаж чадаагүй.

우리는 축하 연주회를 개최하는 과제를 맡았다.
Бид талархлын тоглолтыг нээх даалгавартай.

선생님께서 숙제를 검사하고 계신다.
Багш гэрийн даалгавар шалгаж байна.

과학 шинжлэх ухаан

학술원
шинжлэх ухааны академи

그는 사회과학을 공부하고 있다.
Тэр нийгмийн шинжлэх ухааны чиглэлээр суралцдаг.

과학의 шинжлэх ухааны

과학적
шинжлэх ухааны үндэслэлтэй

이 이론은 과학적이지 못하다.
Энэ онол нь шинжлэх ухааны хангалттай үндэслэлгүй байна.

관객 үзэгч

홀에 관객이 많다.
Танхимд үзэгчид олон байна.

관중들은 커다란 관심을 가지고 축구경기를 관전했다.
Үзэгчид хөл бөмбөгийн тоглолтыг ихэд сонирхон үзэв.

관계 харилцаа

사무적인 관계, 친구 관계
ажил хэргийн харилцаа, найз нөхдийн харилцаа

도시와의 통신이 벌써 며칠씩 두절되었다.
Хоттой харилцаа тасраад хэд хоног болсон.

우리는 늘 관계를 유지하고 있다.
Бид байнга харилцаатай байдаг.

관광 аялал жуулчлал

관광단
аяллын баг

여름에 몽골로 많은 외국관광객들이 몰려온다.
Зуны улиралд Монголд олон жуулчин ирдэг.

관련되다 холбоотой байх

이것은 당신과 관련되어 있습니다.
Энэ тантай холбоотой.

우리는 계속 연락을 하고 있다.
Бид үргэлж холбоотой байдаг.

관리 удирдлага

우주선의 조종은 지상에서 한다.
Сансрын хөлгийг газраас удирддаг.

공장관리
үйлдвэрийн удирдлага

관세 гаалийн татвар

관세협정
гаалийн татварын хэлэлцээр

관세를 지불하다
гаалийн татвар төлөх

관심 сонирхол

커다란 관심을 가지고
өндөр сонирхолтойгоор

관심을 끌다
сонирхол татах

이것은 당신 관심 밖의 일이다.
Энэ таны сонирхох асуудал биш.

광고 сурталчилгаа

선거광고 가시작하고 있다.
Сонгуулийн суртчилгаа эхэлж байна.

텔레비전 광고가 비싸다.
Телевизийн зар суртачилгаа үнэтэй.

광물 ашигт малтмал

이 지방은 풍부한 광물자원을 가지고 있다.
Энэ нутаг ашигт малтмалаар баян.

몽골에는 큰 광산들이 있다.
Монгол ашигт малтмалын орд газар ихтэй.

광장 талбай

친기스칸 광장에 어떻게 갑니까?
Чингисын талбай руу яаж очих вэ?

이아파트의 면적은 50㎡이다.
Энэ байр тавин метр квадрат талбайтай.

농지
тариалангийн талбай

괴롭다 хэцүү

나는 걷는 것이 괴롭다.
Надад алхахад хэцүү байна.

시험에 어려운 질문이 나왔습니다.
Шалгалтанд хэцүү асуулт гарсан.

교과서 сурах бичиг

교과서를 꺼내세요.
Сурах бичгээ гаргаарай.

학생들은 무료로 교과서를 지급받는다.
Сурагчдад сурах бичгийг үнэ төлбөргүй олгодог.

교육 боловсрол

교육학, 교육자
боловсрол судлал, сурган хүмүүжүүлэгч

그 녀는 훌륭한 음악교육을 받았다.
Тэр эмэгтэй хөгжмийн өндөр боловсролтой.

고등교육
дээд боловсрол

교회 сүм

일요일마다 그는 교회에 나간다.
Тэр бүтэн сайн өдөр байнга сүмд явдаг.

한국에는 교회에 나가는 사람들이 많아요.
Солонгост цуглаанд явдаг хүмүүс олон байдаг.

구두 гутал

이 가게에서는 아동화를 팔고 있다.
Энэ дэлгүүрт хүүхдийн гутал зардаг.

엄마가 아들에게 새 구두를 사주었다.
Ээж нь хүүдээ шинэ гутал худалдаж авч өгсөн.

구름 үүл

비구름
борооны үүл

하늘에 흰 구름이 흘러간다.
Тэнгэрт цагаан үүлс нүүж явна.

구리 зэс

동그릇
зэс аяга

구리광산, 동광
зэсийн уурхай

900 есөн зуу

제2차 세계대전은 1939년에 일어났다.
Дэлхийн хоёрдугаар дайн 1939 онд эхэлсэн.

이 볼펜은 900원이다.
Энэ үзэг есөн зуун воны үнэтэй.

구역 талбай, тойрог

텃밭, 선거구
ногооны талбай, сонгуулийн тойрог

안전구역
аюулгүйн бүс

9월 есөн сар

금년 9월에, 작년 9월에
энэ оны есдүгээр сард, өнгөрсөн жилийн есдүгээр сард

몽골에서는 9월에 새 학기가 시작된다.
Монголд есөн сард хичээлийн шинэ улирал эхэлдэг.

구입하다 худалдаж авах

그는 책을 많이 샀다.
Тэр олон ном худалдаж авсан.

당신에게 지금 막 나온 신문을 사드리겠습니다.
Танд шинэ сонин худалдаж авч өгнө.

구조 бүтэц

지금 나는 지구의 구조에 관한 재미있는 논문을 읽고 있다.
Би одоо дэлхийн бөмбөрцгийн бүтцийн талаар сонирхолтой дипломын ажил уншиж байгаа.

한국어와 중국어의 언어 구조는 다르다.
Солонгос хятад хэлний бүтэц өөр.

구조하다 аврах

의사가 환자의 생명을 구했다.
Эмч өвчтөний амийг аварсан.

그 남자가 물에 빠진 사람을 구조했다.
Тэр эрэгтэй усанд живсэн хүнийг аварсан.

꾸준히 тогтвортой, үргэлж

나는 항상 너를 생각하고 있다.
Би үргэлж чамайг санан дурсдаг.

나는 늘 아프다.
Намайг үргэлж өвчин ороодог.

꾸준히 한곳에 일한다.
Нэг газраа тогтвортой ажилладаг.

구체적인 тодорхой

구체적인 예를 하나라도 좋으니 들어주십시오.
Ганц ч гэсэн тодорхой жишээ дурдана уу.

이 일에 대해서 구체적으로 말씀해주세요.
Энэ ажлын талаар тодорхой ярьж өгнө үү.

구하다 олох

이 극장의 표를 구하기는 힘들다.
Энэ театрын тасалбарыг олох хэцүү.

일꾼 구하는데는 어려움이 없어요.
Ажилчин олоход хэцүү биш.

국가 улс орон

우리나라에는 대도시가 많이 있다.
Манай оронд олон том хот байдаг.

그는 오랫동안 열대지방에서 살았다.
Тэр удаан хугацаанд халуун оронд амьдарсан.

국가의 улсын

국기, 국가, 국가예산, 국유재산, 국경
төрийн далбаа, төрийндуулал, улсын төсөв, төрийн өмч, улсын хил

국가기밀
улсын нууц

국경 Улсын хил

국경이 강을 경계로 하고 있다.
Улсын хил гол мөрнөөр зааглагддаг.

국경선
хилийн зурвас

국민적 ард түмний

인민재판소, 민요, 국민소득
иргэний шүүх, ардын дуу, үндэсний орлого

나는 몽골 민요를 좋아한다.
Би монгол ардын дуунд дуртай.

국제적인 олон улсын

국제법, 국제규모, 국제정세, 국제회의
олон улсын хууль, олон улсын хэмжээний, олон улсын байгууллага, олон улсын хурал

내일 국제관계에 관한 강연이 있을 예정이다.
Маргааш олон улсын харилцааны талаар лекцтэй.

국회 улсын их хурал

국회의원
улсын их хурлын гишүүн

국회가 열리고 있다.
Улсын их хурал хуралдаж байна.

군 цэрэг

육군, 해군, 공군, 주세군
явган цэрэг, усан цэрэг, агаарын цэргийн хүчин, аврах цэрэг

그의 아버지는 육군에 복무하는 군인이다.
Түүний аав нь явган цэрэгт алба хаадаг цэргийн хүн.

군대 цэрэг арми

우리 아군이 도시를 점령했다.
Манай цэргүүд хотыг эзэлсэн.

1944년 가을 무렵소련군대는 소연방의 거의 모든 영토를 해방시켰다.
1944 оны намар ЗХУ-ын арми бараг бүхгазар нутгаа чөлөөлсөн.

군비축소
цэрэг армийн зардлыг багасгах

군비축소회의
цэрэг армийн зардлыг багасгах хурал

군인 цэрэг

그는 군에 있다.
Тэр цэрэгт байгаа.

전시에 그는 군복무를 했다.
Дайны үед тэр цэргийн алба хаасан.

군중 олон хүн, олон нийт

광장에 군중이 모여들었다.
Талбайд олон хүн цугларсан.

그들은 군중속에서 서로 잃어버렸다.
Тэд олон хүн дотор бие биеэсээ төөрөв.

굳게 эрс, хатуу

나는 외국에 가기로 굳게 마음 먹었다.
Би гадаадад гарахаар хатуу шийдлээ.

어떤 것을 굳게 마음을 먹었으면 의지를 가져야 한다.
Ямар нэгэн юмыг хатуу шийдсэн бол сэтгэлийн тэнхээтэй байх хэрэгтэй.

굳은 хатуу, мятрашгүй

사과가 퍼렇고 단단했다.
Алим ногоон бөгөөд хатуу байв.

땅은 돌처럼 단단했다.
Газар чулуу шиг хатуу байсан.

꿈 зүүд мөрөөдөл

몽골에 가는 것이 그의 꿈이었다.
Монголд очих нь түүний мөрөөдөл байлаа.

그것은 공상 일뿐이다.
Тэр чинь хоосон мөрөөдөл төдий.

어제 밤에 좋은 꿈을 꾸었다.
Урд шөнө сайхан зүүд зүүдэллээ.

그는 이태리에 가는 것을 꿈 꾸고 있다.
Тэр Итали руу явахыг мөрөөддөг.

궁전 ордон

문화궁전, 동궁
соёлын ордон, өвлийн ордон

자동차 공장 내의 문화궁전에서 내일 커다란 음악회가 열린다.
Машины үйлдвэр доторх соёлын ордонд маргааш томоохон хөгжмийн концерт болно.

권 ширхэг(номыг тоолоход), номын дугаар

누가 사전 2권을 가져갔지요?
Хэн толь бичгийн хоёр дугаар дэвтрийг авч явсан бэ?

서점에서 한국어 책 한권을 샀다.
Номын дэлгүүрээс солонгос хэлний ном нэгийг авсан.

권력 эрх мэдэл, хүч чадал

국민이 권력을 장악했다.
Ард түмэн эрх мэдлийг гартаа авсан.

그는 엄청난 권력을 가지고 있다.
Тэр асар их эрх мэдэлтэй.

권리 эрх

시민의 권리와 의무, 노동권
иргэний эрх үүрэг, хөдөлмөрлөх эрх

너는 그렇게 행동할 권리가 없다.
Чамд тэгэх эрх байхгүй.

권위 эрх мэдэл

그는 대단한 권위를 가지고 있다.
Тэр их эрх мэдэлтэй.

그 여자는 권위가 있는 것 같다.
Тэр эмэгтэй эрх мэдэлтэй юм шиг байна.

귀 чих

그의 귀는 크다.
Тэр том чихтэй.

한 귀로 듣고 다른귀로 흘린다.
Нэг чихээрээ сонсож нөгөө чихээрээ гаргах.

귀여운 өхөөрдөм хөөрхөн

귀여운 여인
хөөрхөн бүсгүй

귀여운 소녀
хөөрхөн охин

규모 хэмжээ

작업량
гүйцэтгэсэн ажлын хэмжээ

옷치수
хувцасны хэмжээ/ размер

규율 дүрэм журам

기업의 노동규율을 향상시키지 않으면 안 된다.
Компани хөдөлмөрийн журмаа сайжруулахгүй юм бол болохгүй.

너는 축구 경기 규칙을 아느냐?
Чи хөл бөмбөгийн тоглолтын дүрмийг мэдэх үү?

균형 тэнцвэр

세력균형
хүчний тэнцвэр

균형적
тэнцвэртэй

그 тэр

나는 이 집에 살고 부모님은 저쪽 집에 사신다.
Би энэ гэрт амьдарч, эцэг эх маань тэр байшинд суудаг.

그 상점에는 상품이 많다.
Тэр дэлгүүр олон төрлийн бараатай.

그곳에 тэр газарт, тэнд

왕복, 여기저기로, 이리저리
ирж очих, энд тэнд, ийшээ тийшээ

나는 그곳에 갈 작정이다.
Би тэнд очих гэж байгаа.

그곳으로부터 тэндээс

그는 현재 서울에 있는데 며칠 후에 그 곳에서 올 것이다.
Тэр Сөулд байгаа, тэндээсээ хэд хоногийн дараа ирэх байх.

그녀의 тэр эмэгтэйн

나는 그녀의 오빠와 함께 산다.
Би тэр эмэгтэйн ахтай хамт амьдардаг.

어제 나는 공원에서 그녀를 만났다.
Өчигдөр би цэцэрлэгт тэр эмэгтэйтэй дайралдсан.

그때 тэр үед

바로 그 때
яг тэр үед

당시 상황, 당시의 풍습
тухайн үеийн байдал, тэр үеийн ёс заншил

그들 тэд, тэд нар

저기 학생들이 앉아 있다. 그들은 이야기를 나누고 있다.

Тэнд хүүхдүүд сууж байна. Тэд хоорондоо ярилцаж байна.

우리 정원에 꽃들이 피어있다. 그 꽃들은 매우 아름답다.
Манай цэцэрлэгт цэцэг ургадаг. Тэр цэцгүүд маш сайхан.

그들의 тэдний, тэд нарын

그들의 책이 책상 위에 있다.
Тэдний ном ширээн дээр байна.

그들의 아이들은 예의 바르다.
Тэдний хүүхдүүд хүмүүжил сайтай.

그램 грамм

나는 버터 200g을 샀다.
Би 200 грамм цөцгийн тос худалдаж авсан.

이거는 100g 얼마예요?
100 грамм нь хэд вэ?

그러한 тийм

그렇게 커다란 집, 그러한 경우, 그런 정도로
тийм том байшин, тийм тохиолдол, тийм хэмжээгээр

그러한 근로자가 우리에게 필요하다.
Тийм ажилтан бидэнд хэрэгтэй.

그런데 гэхдээ

그런데 그는 용감한 사람이다.
Гэхдээ тэр зоригтой хүн.

그렇게 тэгж, тэгтлээ

편지에 그렇게 쓰여 있었다.
Захианд тэгж бичсэн байсан.

그렇게 тийм

그렇게 중요한, 그리 위험하지 않은
тийм чухал, тийм ч аюултай биш

이 일은 그리 중요하지 않다.
Энэ ажил тийм ч чухал биш.

그렇다면 тэгвэл

그럼 안녕.
Тэгвэл баяртай.

그렇다면 이제 모든 것이 분명해진다.
Тэгвэл одоо бүх зүйл тодорхой боллоо.

그룹 бүлэг

몇패로 나뉘어, 군도
хэдэн бүлэгт хуваагдан

주민들이 그 룹별로 모였다.
Оршин суугчид хэсэг бүлгээрээ цугларав.

그릇 таваг

그녀는 물이 들어있는 그릇을 탁자 위에 놓았다.
Тэр устай тавгийг ширээн дээр тавьсан.

박물관에서 우리는 아름다운 은그릇을 보았다.
Бид музейд гоёмсог мөнгөн таваг харсан.

그리다 зурах

나는 그사람의 초상화를 연필로 그리고 있다.
Би тэр хүний хөрөг зургийг харандаагаар зурж байна.

저 사람은 풍경화를 그리는 것을 좋아한다.
Тэр хүн байгалийн зураг зурах дуртай.

그림 зураг

나는 레핀의 그림을 좋아한다.
Би Репиний зурагт дуртай.

학생은 자신의 그림을 선생님께 보여드렸다.
Сурагч зурсан зургаа багшдаа үзүүлсэн.

연필화
харандаагаар зурсан зураг, гар зураг

풍경화
байгалийн зураг

그림자 сүүдэр

그는 우리 뒤를 그림자 처럼 따라다닌다.
Тэр бидний араас сүүдэр шиг дагадаг.

과수원은 그늘이 많이졌다.
Жимсний тариаланг сүүдэр нөмрөв.

더운 날에 나무 그늘에 앉는 것은 좋다.
Халуун өдөр модны сүүдэрт суух сайхан.

그여자 тэр эмэгтэй

저기 여학생이 있다. 그녀는 독서를하고 있다.
Тэнд эмэгтэй оюутан байна. Тэр ном уншиж байна.

그 여자가 너무 예쁘다.
Тэр эмэгтэй үнэхээр хөөрхөн.

그의 түүний

그것은 그의 개인적인 의견이다.
Тэр нь түүний хувийн бодол.

나는 그를 잘 안다.
Би түүнийг сайн мэднэ.

그저께 уржигдар

이 일은 그저께 일어났다.
Тэр явдал уржигдар болсон.

결혼식은그저께 있었다지?
Уржигдар хуримын ёслол чинь болсон гэл үү?

극장 театр

당신은 극장에 자주 가세요?
Та театрт байнга очдог уу?

나는 극장에서 영화 보기를 좋아해요.
Би театрт кино үзэх дуртай.

근무 ажил, алба

그는 외무부에 취직했다.
Тэр Гадаад хэргийн яаманд ажилд орсон.

군에 오기전에 그는 공장에서 근무했다.
Цэрэгт татагдахаасаа өмнө тэр үйлдвэрт ажилладаг байсан.

근무하다 ажиллах, алба хаах

아버지는 오랫동안 군복무를 했다.
Аав цэргийн албыг удаан хаасан.

나의 오빠는 이공장에서 근무한다.
Ах минь энэ үйлдвэрт ажилладаг.

근심하다 зовох, шаналах, санаа зовох

나는 그의 건강이 근심스럽다.
Би түүний эрүүл мэндэд санаа зовж байна.

제가 직접할테니 염려하지 마세요.
Би өөрөө хийчихье, санаа зоволтгүй.

회사간 부진은 젊은 전문가들에 대해 커다란 염려를 하고 있다.
Компаний удирдлага залуу мэргэжилтнүүдийн талаар санаа их зовж байгаа.

그 사람은 병으로 아주 괴로워한다.
Тэр хүн өвчиндөө их шаналдаг.

글자 үсэг, үг

그 아이는 세살임에도 불구하고 모든 글자를 안다.
Тэр хүүхэд 3 настай мөртлөө бүх үсгийг мэднэ.

일본 문자는 어렵다.
Япон үсэг хэцүү.

금 алт

금은 인간에게 알려진 최초의 금속이다.
Алт бол хүмүүсийн мэддэг болсон анхны металл мөн.

그는 항상 금화로 지불했다.
Тэр үргэлж алтан зоосоор төлдөг байсан.

금속 металл, төмөрлөг

귀금속
үнэт металл

현대의 기술에서 금속의 역할은 중요하다.
Орчин үеийн технологид металлын үүрэг чухал.

금요일 баасан гараг

그녀는 매주 금요일에도 서관에서 일한다.
Тэр эмэгтэй баасан гариг бүр номын санд ажилладаг.

이번주 금요일에 체육대회가 있다.
Энэ долоо хоногийн баасан гаригт бие тамирын тэмцээнтэй.

금의 алт, алтан

금시계, 금언, 금메달, 금반지
алтан цаг, алт шиг үг, алтан медаль, алтан бөгж

시간은 금보다 귀중하다.
Цаг алтнаас үнэтэй.

급류 ширүүн урсгал

우리는 계곡을 따라 흐르는 급류의 왼쪽 기슭을 따라 걸어갔다.
Бид хөндийг дагаи урсах ширүүн урсгалт голын зүүн эргийг даган алхлаа.

우리는 급류가 있는 강을 건너갔다.
Бид ширүүн урсгалтай голыг гаталсан.

긍정적 өөдрөг, нааштай

긍정적인 대답을 들었다.
Нааштай хариу сонслоо.

모든 사람들이 그를 긍정적인 사람으로 평가했다.
Бүх хүн түүнийг өөдрөг сайн хүн гэж дүгнэсэн.

끝 төгсгөл

회의의 끝에 말씀을 하셨다.
Хурлын төгсгөлд үг хэлэв.

이 행사의 마무리가 잘되었다.
Энэ арга хэмжээний төгсгөл сайхан боллоо.

끝내다 дуусах

어제 우리는 6시에 일을 마쳤다.
Өчигдөр бид 6 цагт ажлаа дууссан.

나는 돈을 다썼다.
Миний мөнгө дууссан.

기간 хугацаа

지불기한, 시험기간, 4년기한으로, 정한 기간내에

төлбөрийн хугацаа, шалгалтын үе, 4 жилийн хугацаагаар, заасан хугацаанд

기한이 만료되었다.
Хугацаа дууссан.

기관 байгууллага

모든 정부기관들은 이 과제를 완수해야만 한다.
Улсын бүх байгууллагууд энэ асуудлыг шийдвэрлэх хэрэгтэй.

우리 기관에는 약 100명이 근무하고 있다.
Манай байгууллагад 100-гаад хүн ажилладаг.

기구 хэрэгсэл, зэмсэг

현악기, 타악기
утсан хөгжмийн зэмсэг, цохиур хөгжим

망치와 도끼는 도구이다.
Алх, сүх бол багаж хэрэгсэл юм.

기다리다 хүлээх

나는 결코 그런 일을 예상하지 못했다.
Би тийм юм хүлээж байна гэж санасангүй, төсөөлсөнгүй.

나는 당신의 도움을 기다렸다.
Би таныг туслах байх гэж хүлээсэн.

그들은 막차를 기다리고 있다.
Тэд сүүлийн унаа ирэхийг хүлээж байна.

기다리다(잠시) түр хүлээх, хүлээзнэх

그녀는 운전기사에게 잠시 기다려 달라고 했다.
Тэр эмэгтэй жолоочид түр хүлээнэ үү гэлээ.

잠시만기다리세요!
Түр хүлээгээрэй, одоохон!

기대하다 найдах

기대, 기대한사람
найдвар, найдвартай хүн

우리는 당신의 도움을 기대했습니다.
Бид таны тусламжинд найдаж байлаа.

기둥 багана

그는 기둥 옆에 서있다.
Тэр баганын хажууд зогсож байна.

그 사람을 내가 기둥으로 믿고 있었다.
Тэр хүн миний түшиг тулгуур гэж итгэж байсан юм.

기록 амжилт , тэмдэглэл

세계기록
дэлхийн дээд амжилт

그는 기록을 작성하는 중이다.
Тэр тэмдэглэл хөтлөж байна.

기반 үндэс суурь

그는 광공업의 기술적 토대를 마련했다.
Тэр уул уурхайн салбарын технологийн суурийг тавьсан.

그의 결론에는 기반이 없다.
Түүний дүгнэлтэнд үндэслэл алга.

기분 сэтгэлсанаа

기분파
хөөрүү, сэтгэлийн хөдөлгөөн ихтэй хүн

나는 오늘 기분이 나쁘다.
Өнөөдөр миний сэтгэл санаа тааруу байна.

기쁘다 баяртай байх

우리는 당신이 성공을 해서 기쁩니다.
Бид таныг амжилттай байгаад баяртай байна.

당신을 만나 기쁩니다.
Тантай уулзсандаа баяртай байна.

기쁨 баяр хөөр

생의환희, 기뻐서
амьдралын баяр баясгалан, баярласандаа

아이는 삶의 기쁨이다.
Хүүхэд бол амьдралын баяр баясгалан юм.

기사 инженер, техникч

그는 수석기사로 근무한다.
Тэр тэргүүлэх инженерээр ажилладаг.

공장에는 노련한 기사들이 근무하고 있다.
Үйлдвэрт туршлагатай инженерүүд ажилладаг.

기술 техник технологи

선진기술
дэвшилтэт технологи

그는 우리나라 기술사를 집필했다.
Тэр манай улсын техник технологийн түүхийг бичсэн.

기술적인 техник технологийн

기술진보, 기술교육, 기술개선
техникийн дэвшил, технологийн сургалт,
технологийн шинэчлэл

그는 평균적인 기술교육을 받았다.
Тэр дундаж хэмжээний техникийн сургалтанд суусан.

기술공정
технологийн дамжлага

기아 өлсгөлөн

나는 배고프지 않아요.
Би өлсөөгүй байна.

세계의 몇몇 국가들은 굶주리고 있다.
Дэлхийн зарим оронд өсгөлөн болж байна.

기어오르다 мөлхөж гарах, мөлхөж орох

아이들이 책상 밑으로 기어들어갔다.
Хүүхдүүд ширээн доогуур мөлхөж орсон.

높은 산에 오르는 것은 힘들다.
Өндөр ууланд авирах хэцүү.

기억 ой санамж, санаа, дурсамж

그는 기억력이 좋다.
Тэр ой сайтай.

그에 대한 추억은 영원히 살아있을 것이다.
Түүний талаарх дурсамж үүрд үлдэх болно.

기억하다 санах

나는 그의 성을 기억할 수가 없다.
Би түүний овгийг санахгүй байна.

나는 그때 일을 기억하기도 싫다.
Би тэр явдлыг санахыг ч хүсэхгүй байна.

당신은 저와 만났던 것을 기억하십니까?
Та надтай уулзсанаа санаж байна уу?

기업 компани, аж ахуйн нэгж

상사, 대기업
худалдааны компани, том компани

그는 현대적인 기업에서 일하고 있다.
Тэр том компанид ажилладаг.

기자 сурвалжлагч

특파원, 종군기자
тусгай сурвалжлагч, цэргийн сурвалжлагч

그는 뉴욕 특파원이다.
Тэр НьюЙорк дахь тусгай сурвалжлагч.

기적 гайхамшиг

미의극치, 예술의정수
гоо үзэсгэлэнгийн манлай, урлагийн гайхамшиг

세상에는 불가사의한 일이 흔히 있다.
Хорвоо дээр хачин гайхалтай зүйл их байдаг.

우주의 일곱가지 기적
уртөнцийн долоон гайхамшиг

기차 галт тэрэг

급행열차, 교외열차
хурдан галт тэрэг, хот хоорондын галт тэрэг

내일 나는 그곳에 기차로 갈것이다.
Би маргааш галт тэргээр тийшээ явна.

기초 үндсэн, суурь, анхан шатны

이 논문은 사실에 기초를 두고 있다.
Энэ эрдмийн ажил бодит үнэн дээр суурилсан.

기초지식
анхан шатны мэдлэг

기침 ханиад

나는 기침이 심하다.
Би их ханиалгаж байна.

환자의 잦은 기침으로 우리는 잠자기 어려웠다.
Өвчтөний бүгшүүлэн ханиалгах чимээнд бид унтахад хэцүү байлаа.

기타 гитар

그는 기타를 잘친다.
Тэр гитар сайн тоглодог.

전자기타
цахилгаан гитар

기하학 геометр

기하학은 내가 좋아하는 과목이다.
Би геометрийн хичээлд дуртай.

평면기하학
хавтгайн геометр

기회 боломж, тохиолдол, бололцоо, үе

당신에게 내가 살면서 겪었던 한 가지 경우를 말해주겠습니다.
Би танд энд амьдарч байхдаа өөртөө тохиолдсон явдлыг ярьж өгье.

나는 그와 이야기할 기회가 없었다.
Надад түүнтэй ярилцах боломж байсангүй.

기후 цаг агаар

따뜻한 해양조류가 이 지방 기후에 영향을 준다.
Далайн дулаан урсгал энэ нутгийн цаг агаарт нөлөөлдөг.

지구의 기온이 올라가고 있다.
Дэлхийн цаг агаардулаарч байна.

길 зам

길이 숲을 나왔다.
Зам ойн зах руу гарсан.

나는 시골로 가는 길을 모른다.
Би хөдөөний замыг мэдэхгүй.

길다 урт

홀에는 긴 식탁이 있다.
Танхимд урт ширээ байна.

소매가 나한테 너무 길다.
Ханцуй нь надад дэндүү уртдаж байна.

깊은 гүнзгий

물고기가 물속 깊은 곳에서 헤엄치고있다.
Загас усны гүнд сэлж явна.

여기는 깊다.
Энэ хэсэг их гүнзгий.

깊이 гүн, гүнзгий

옛날 옛적에, 10m의 깊이에
эрт урьдын цагт, 10 метрийн гүнд

숲 속 깊이 집이 한 채 있었다.
Ойн гүнд нэг байшин байсан.

호수의 깊이는 10m이다.
Нуур 10 метр гүн.

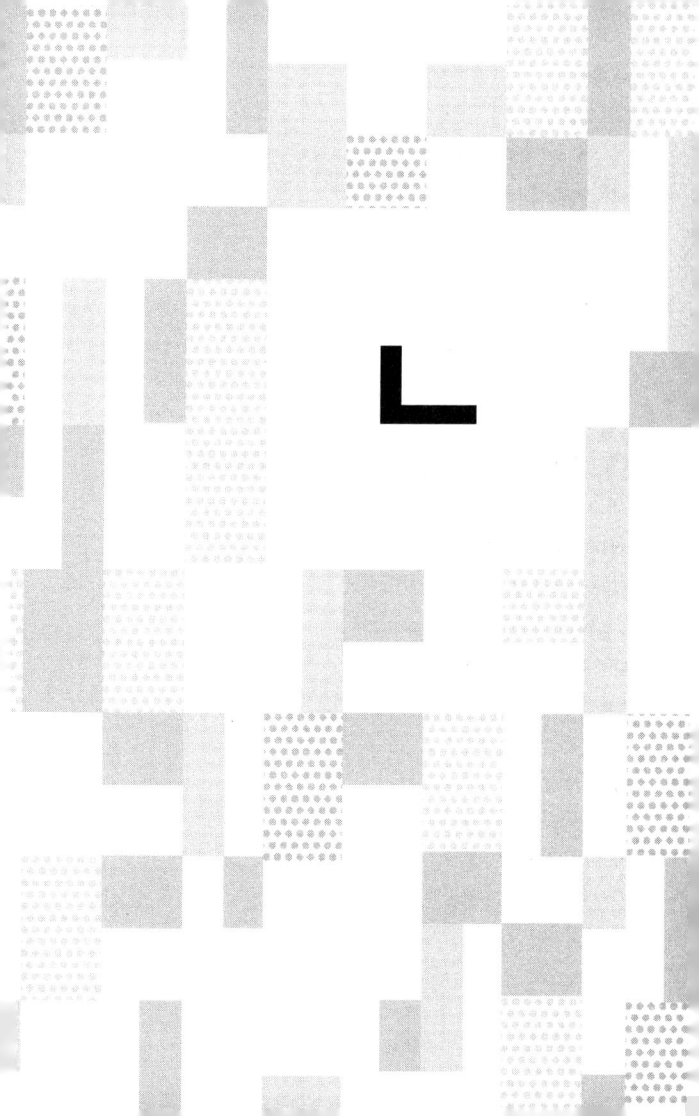

나 би

나는 책을 읽는다.
Би ном уншина.

나는 누이가 있다.
Би эгчтэй.

나가다 гарах

보통 나는 8시에 집을 나선다.
Би голдуу 8 цагт гэрээсээ гардаг.

오늘 TV에 내 아내가 출연한다.
Өнөөдөр миний эхнэр зурагтаар гарна.

나머지의 үлдсэн, бусад

나머지 시간, 기타 국가들
үлдсэн цаг, бусад улс

나는 서둘러 나머지 페이지를 다 읽겠다.
Би үлдсэн хуудсыг түргэн уншиж дуусгах болно.

나무 мод

여름에 나뭇잎은 푸르다.
Модны навч зунд ногоон байдаг.

산에 목조 가옥이 있었다.
Ууланд модон байшин байв.

나쁘다 муу

나는 기분이 나쁘다.
Миний сэтгэл муу байна.

그 여자는 밉게 생겼는데다가 성격도 나빠요.
Тэр эмэгтэй царай муутайн дээр ааш занч муутай.

나쁜 тааруу, муу

흉작, 나쁜버릇
ургац муутай, муу зуршил

10월에 이곳은 대체로 날씨가 나쁘다.
10 дугаар сард эндхийн цаг агаар муухай байдаг.

나타나다 гарч ирэх

별은 밤에만 나타난다.
Од шөнө л гарч ирдэг.

재능 있는 신진작가들이 나타났다.
Чадварлаг шинэ зохиолчид гарч ирсэн.

낙관적 өөдрөг, баясангуй

낙관주의
өөдрөг баясангуй үзэл, оптимист.

인생을 긍정적으로 보다.
Амьдралыг өөдрөгөөр харах.

난로 зуух, пийшин

그녀는 난로 곁에 앉아 책을 읽고 있다.
Тэр эмэгтэй пийшингийн хажууд суугаад ном унших байна.

온가족이 난로가에 모여 앉았다.
Гэр бүлээрээ зуухны хажууд цуглан суув.

날개 далавч, жигүүр

나에게 날개가 있다면!
Жигүүртэй ч болоосой!

우리는 머리위에서 나는 날갯짓소리를 듣고 위를 쳐다보았다.
Бидний дээгүүр далавч дэвэх чимээ гарахыг сонсоод дээшээ харцгаалаа.

날다 нисэх

머리 위로 새들이 날아다닌다.
Толгой дээгүүр шувууд нисцгээнэ.

나는 하늘을 날고 싶다.
Би тэнгэрт нисэхийг хүсч байна.

날씨 цаг агаар

내일 날씨가 어떨까요?
Маргааш цаг агаар ямар байх бол?

일기예보
цаг агаарын мэдээ

날씬한 гоолиг

날씬한 몸매의 아가씨
гоолиг биетэй бүсгүй

소녀들이 날씬한 몸매를 원해요.
Залуу бүсгүйчүүд нарийхан гоолиг биетэй болохыг хүсдэг.

날카로운 хурц

예리한시선, 긴박한정세
цоо ширтсэн харц, улс төрийн хурцадмал байдал

세찬 바람, 돌발적인 행동, 거친 표현
хүчтэй салхи, гэнэтийн үйлдэл, хурц ширүүн илэрхийлэл

남기다 үлдээх

그녀는 나에게 메모를 남겼다.
Тэр эмэгтэй надад зурвас үлдээсэн.

그는 항상 밥을 남긴다.
Тэр дандаа хоолоо үлдээдэг.

남다 үлдэх

작업이 시작되기까지에는 몇분이 남아 있다.
Ажил эхэлтэл хэдэн минут үлдсэн байна.

문제는 아직 미해결 상태로 남았다.
Асуудал шийдэгдээгүй хэвээр үлдсэн.

남의 бусдын

남의 책, 남의 이름으로, 남의 덕으로
бусдын ном, бусдын нэрээр, бусдын ачаар

남의 것을 말하지 않고 가져가지 마세요.
Бусдын юмыг хэлэлгүйгээр авч болохгүй.

남자 эрэгтэй, эрэгтэй хүн

내 앞에 손에 가방을 든 키 큰 남자가 서 있었다.
Миний өмнө гартаа том цүнх барьсан өндөр нуруутай эрэгтэй хүн зогсож байсан.

아르바이트를 하다가 남자 친구가 생겼다.
Цагийн ажил хийж байхдаа найз залуутай болсон.

남쪽 өмнө зүг, умард

그는 곧 장남쪽으로 걸어갔다.
Тэр чанх өмнө зүг рүү чиглэн алхлаа.

이 곳은 전국 최남단의 도시이다.
Энэ хот бол хамгийн өмнө зүгт байдаг хот.

남편 нөхөр

그녀는 남편을 매우 사랑한다.
Тэр эмэгтэй нөхөртөө их хайртай.

그의 남편은 아주 좋은 사람이다.
Түүний нөхөр маш сайн хүн.

낮 өдөр

낮에도 밤에도 비가 왔다.
Өдөр шөнөгүй бороо орсон.

나는 그를 매일 만난다.
Би түүнтэй өдөр бүр уулздаг.

낮게 нам, доогуур

비행기가 저공 비행을 하고있다.
Онгоц нам өндөрт нислэг хийж байна.

저지대
нам дор газар

낮에 өдөр, өдөртөө, өдрөөр

나는 낮에 일하고 밤에 공부한다.
Би өдөр ажиллаж шөнө хичээл хийдэг.

서울은 낮에 매우 더워지고 있다.
Сөүлд өдөртөө маш их халуун болж байна.

낮은 намхан

강둑이 우측은 높고 좌측은 낮다.
Голын баруун талын далан өндөр, зүүн талынх нь намхан.

그는 낮은 소리로 말했다.
Тэр сул дуугаар хэлсэн.

내던지다 гаргаж чулуудах

거미를 집에서 내던졌다.
Аалзыг гэрээс гаргаж чулуудав.

창밖으로 무엇을 내던졌다.
Цонхоор нэг юм гаргаад чулуудчихлаа.

내리다 буух

너는 여기서 내리는 것이 좋겠다.
Чи энд буусан нь дээр байх.

우리는 산에서 내려왔다.
Бид уулнаас бууж ирсэн.

내보내다 гаргах, гаргаж явуулах

우리 대학은 금년에 200명의 전문가를 배출했다.
Манай сургууль энэ жил 200 мэргэжилтэнг төгсгөн гаргасан.

고양이를 밖으로 내보내지 마십시오.
Муурыг гадаа битгий гаргаарай.

내부에 дотор, дотор талд

집 안은 조용했다.
эр дотор чимээгүй бай.

이 일은 회사 내부에서 검토중이다.
Энэ ажлыг компани дотроо шалгаж байна.

내부의 доторх, дотоод

공장 내부 설비가 아직 완성되지 않았다.
Үйлдвэрийн доторх тохижилт, багаж техникийн суурилуулалт хараахан дуусаагүй байна.

그는 국내 정세의 근본 문제들을 검토하고 있었다.
Тэр дотоодын улс төрийн үндсэн асуудлуудыг хянаж шалгаж байсан.

냄새 үнэр

지독한 냄새, 좋은 냄새
муухай үнэр, сайхан үнэр

내 방은 꽃 향기가 가득하다.
Миний өрөөнөөс цэцгийн үнэр ханхалж байна.

내용 агуулга

그의 보고는 내용이 빈약하다.
Түүний тайлангийн агуулга хангалтгүй байна.

작품 내용
зохиолын агуулга

내일 маргааш

내일 만나요!
Маргааш уулзъя!

내일 우리는 극장에 갈 것이다.
Бид маргааш театр луу явна.

너 чи

너도 같이 학교에 가자.
Чи ч бас сургууль руу хамт яв.

너 밥 먹었니?
Чи хоол идсэн үү?

너의 чиний

이것은 네가 관여할 일이 아니다.
Энэ чиний оролцох хэрэг биш.

자 여기 네 수건이있다.
За, энэ чиний алчуур.

넉넉한 хангалттай

맡은 일을 마치려면 세 사람이면 충분하다.
Хариуцсан ажлаа дуусгахад 3 хүн байхад л хангалттай.

우리한테는 냉장고를 살 돈이 충분히 있다.
Бидэнд хөргөгч авах мөнгө хангалттай байгаа.

넓은 өргөн, том

방 구석에 넓은 소파가 놓여 있었다.
Өрөөний буланд өргөн зөөлөн сандал тавиатай байна.

옷이 나한테는 허리가 너무 커요.
Хувцасны бүсэлхийн хэсэг надад дэндүү том байна.

우리 나라는 넓은 땅을 가지고 있다.
Манай орон өргөн уудам нутагтай.

넥타이 зангиа

그는 파란 넥타이를 매고 있다.
Тэр цэнхэр зангиа зүүсэн байна.

나는 넥타이를 매지 못해요.
Би зангиа зангидаж чаддаггүй.

년 он, жил

금년, 작년, 내년
энэ жил, ноднин жил, ирэх жил

새해 복 많이 받으십시오!
Шинэ оны мэнд!

1년은 12개월이다.
Нэг жил 12 сартай.

노동 ажил хөдөлмөр

그는 훌륭한 노동 규율을 가지고 있다.
Тэр хөдөлмөрийн сахилга сайтай.

노동을 하다
хөдөлмөр эрхлэх

노동자 ажилчин, ажилтан, хөдөлмөрчин

대부분의 노동자들은 공장 가까이에 살고 있다.
Ихэнх ажилчид үйлдвэрийн ойролцоо амьдардаг.

우리 공장에 새로운 직원 식당이 생겼다.
Манай үйлдвэр ажилчдын шинэ хоолны газартай болсон.

공장 노동자들은 기한 내에 계획을 완수했다.
Үйлдвэрийн ажилчид төлөвлөгөөгөө хугацаанд нь биелүүлсэн.

노래 дуу

민요, 대중가요
ардын дуу, нийтийн дуу

이것이 내가 좋아하는 노래이다.
Энэ миний дуртай дуу.

노래하다 дуулах

그녀는 노래를 잘한다.
Тэр эмэгтэй сайхан дуулдаг.

젊은이들이 어떤 경쾌한 노래를 불렀다.
Залуучууд хөгжилтэй дуу дуулсан.

노력 хичээл зүтгэл

당신의 노력 덕분에 우리는 기한 내에 계획을 달성할 수 있었습니다.
Таны хичээл зүтгэлийн ачаар бид төлөвлөгөөгөө хугацаанд нь биелүүлж чадсан.

국제적 안전 보장을 강화하기 위해서는 새로운 노력이 필요하다.
Олон улсын аюулгүй байдлыг бэхжүүлэхийн тулд их хичээл зүтгэл гаргах хэрэгтэй.

노선 шугам

경제 건설의 기본 노선
эдийн засгийн бүтээн байгуулалтын үндсэн чиг шугам

노선도
шугам зураг

노파 өндөр настан

노파는 손녀와 살고 있다.
Өндөр настан ач хүүтэйгээ амьдардаг.

노인을 도와야한다.
Өндөр настанд туслах хэрэгтэй.

녹색의 ногоон өнгийн

녹색 연필을 주세요.
Ногоон өнгийн харандаа өгөөч.

나는 녹색을 좋아한다.
Би ногоон өнгөнд дуртай.

녹음기 дуу хураагуур

그는 좋은 일제 녹음기가 있다.
Тэрээр японы сайн чанарын дуу хураагууртай.

그녀는 녹음기에 음악을 녹음했다.
Тэр мэгтэй дуу хураагуурт дуу бичсэн.

논쟁하다 маргах

그러한 이유에서 격렬한 논쟁이 일고 있다.
Түүнээс болоод ширүүн маргаан дэгдээд байна.

그들은 아이 양육 문제로 자주 다툰다.
Тэд хүүхэд үрчлэх асуудлаар байнга маргалддаг.

여기에 대해서 그와 말다툼을 벌일 가치도 없다.
Үүний талаар түүнтэй маргах зүйл нэг ч байхгүй.

놀다 тоглох

오늘 우리는 축구를 했다.
Бид өнөөдөр хөл бөмбөг тоглосон.

그녀는 피아노를 잘 친다.
Тэр эмэгтэй төгөлдөр хуур сайн тоглодог.

불 장난 금지
Галаар тоглохыг хориглоно!

그 배우는 중요한 역할을 연기한다.
Тэр жүжигчин гол дүрд тоглоно.

놀라운 гайхалтай

여기에는 별로 놀랄 만한 일이 없다.
Энд гайхаад байх юм алга.

나한테 놀라운 소식이 있다.
Би гайхалтай сонин мэдээтэй.

농구 сагсан бөмбөг

그는 농구를 잘한다.
Тэр сагсан бөмбөг сайн тоглодог.

농구팀
сагсан бөмбөгийн баг

농담 тоглоом

그녀는 아이들과 농담하며 노는 것을 좋아한다.
Тэр эмэгтэй хүүхдүүдтэй тоглоом наадам хийж хөгжилдөх дуртай.

그는 아마 농담하는 걸 거야.
Тэр тоглосон байлгүй дээ.

농민 тариачин

소작농, 자작농
түрээсийн газар тариалан, хувийн газар тариалан

그는 농민 출신이다.
Тэрээр тариачин гаралтай.

농업의 газар тариалангийн

농산물, 농기구
газар тариалангийн бүтээгдэхүүн, газар тариалангийн тоног төхөөрөмж

토지는 농업 생산의 수단이다.
Газар бол газар тариалангийн үйлдвэрлэлийн хэрэглүүр юм.

농촌의 с ангийн аж ахуйн

농촌지역, 농촌청년, 시골선생님
газар тариалангийн бүс, сангийн аж ахуйд ажилладаг залуу, хөдөөний багш

농촌, 농촌문제
сангийн аж ахуй, тариачны тосгоны асуудал

높은 өндөр

방 안으로 키가 큰 처녀가 들어왔다.
Өрөөнд өндөр нуруутай бүсгүй орж ирлээ.

전등은 책상 위 높은 곳에 달려있다.
Гэрэл ширээний дээр өндөрт өлгөөтэй байна.

높이 өндөр

비행기가 10000 m 고도를 날았다.
Онгоц 10000 метрийн өндөрт нисч байна.

적들이 고지를 점령했다.
Дайсан өндөрлөг газрыг эзэлсэн.

에베레스트는 세계에서 가장 높은 산이다.
Эверест бол дэлхийн хамгийн өндөр уул.

놓다 тавих

나는 표를 어디에 놓아두었는지 기억나지 않는다.
Би тасалбарыг хаана тавьснаа санахгүй байна.

그는 물건을 제자리에 놓은 적이 없다.
Тэр юмыг байранд нь тавьдаг удаа байхгүй.

누구 хэн

너는 누구와 일을 했니?
Чи хэнтэй ажилласан бэ?

나는 아버지가 누군가와 이야기하시는 것을 보았다.
Би аавыгаа хэн нэгэнтэй ярилцаж байхыг харсан.

누이 эгч, эмэгтэй дүү

누이는 몇 명입니까?
Хэдэн эгч, хэдэн эмэгтэй дүүтэй вэ?

저 언니는 나보다 세살 많다.
Тэр надаас гурав эгч.

눈 цас

집집마다 지붕에 눈이 많이 쌓여있다.
Айлуудын дээвэр дээр цас хунгарлан тогтсон байна.

눈이 많이 내리는 겨울, 눈사람
цас ихтэй өвөл, цасан хүн

눈 нүд

그는 그녀의 눈을 쳐다보았다.
Тэрээр нөгөө эмэгтэйн нүд рүү харлаа.

가늘고 검은 눈동자를 가진 처녀가 문을 열어주었다.
Онигор хар нүдтэй залуу бүсгүй хаалга онгойлгож өгөв.

눈물 нулимс

눈물을 흘리면서
нулимс унагасаар

그녀의 눈에는 눈물이 괴었다.
Тэр эмэгтэйн нүдэнд нулимс хурсан.

눈에서 눈물이 나다.
Нүднээс нулимс гарах.

눈썹 хөмсөг

소녀는 금발 머리에 검은 눈썹을 가졌다.
Охин шаргал үстэй, хар хөмсөгтэй.

나의 아들은 짙은 눈썹을 가지고 있다.
Миний хүү өтгөн хөмсөгтэй.

눕다 хэвтэх

그녀는 침대에 누웠다.
Тэр эмэгтэй орон дээр хэвтсэн.

어제는 새벽이 되어서야 잠자리에 누웠다.
Өчигдөр үүрээр л унтахаар хэвтсэн.

느끼다 мэдрэх

아픔을 느끼다
өвдөхийг мэдрэх

감각 기관
мэдрэх эрхтэн

늙은 хөгшин, хуучин

그는 아직 늙지 않았다. 이제 겨우 45살인데.
Тэр хөгшрөөгүй. Одоо дөнгөж 45-тай.

우리 동네 집들은 거의 모두가 낡았다.
Манай хорооллын байшингууд бараг бүгд хуучирсан.

능률 бүтээмж, чадамж

노동생산성
хөдөлмөрийн бүтээмж

일의 능률이 좋다.
Ажлын бүтээмж сайн байна.

늦게 орой, оройтох

너무 늦었다. 집에 가야 한다.
Дэндүү орой болжээ. Гэртээ харих хэрэгтэй.

그는 밤늦게 돌아왔다.
Тэр шөнө их оройтож ирсэн.

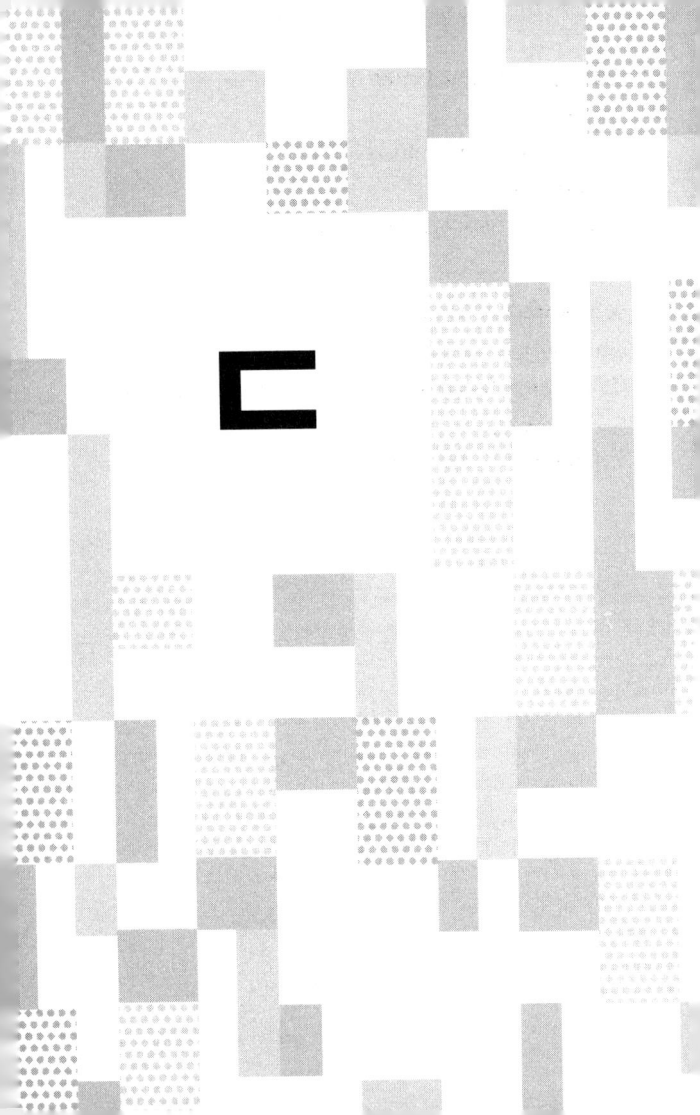

다가오다 ойртож ирэх, дөхөж ирэх

내게 아는 사람이 다가왔다.
Миний таньдаг хүн дөхөж ирлээ.

기차가 역으로 다가오고 있다.
Галт тэрэг зогсоол руу ойртон ирж байна.

따뜻한 дулаан

방한모, 환대
дулаан малгай, халуун дотноор угтах

저녁 공기는 잔잔하고 따뜻했다.
Орой агаар тогтуун дулаан байлаа.

~따라 дагуу

벽을 따라 의자가 놓여있다.
Хана дагуу сандал тавиастай байна.

의사의 충고를 따르세요.
Эмчийн зөвлөгөөг дага.

따라가다 дагаж явах

모르는 사람이 나의 뒤에서 따라가고 있다.
Танихгүй хүн миний араас дагаад байна.

미국으로 아버지를 따라갔다.
Америк руу аавыгаа дагаад явсан.

다르게 өөрөөр

달리 방법이 없다.
Өөр арга байхгүй.

나는 조금 다르게 생각한다.
Би жаахан өөр бодолтой байна.

다른 өөр, янз бүрийн

다양한 견해, 갖가지 꽃
янз бүрийн санал бодол, янз бүрийн цэцэг

이 집에는 여러 부류의 사람들이 드나든다.
Энэ гэрт янз бүрийн хүн орж гардаг.

다른 бусад, гадны

타인
гадны хүн

다른 사람들은 그렇게 생각하지 않는다.
Бусад хүн тэгж бодохгүй.

다리 хөл

그녀는 각선미가 그만이다.
Тэр эмэгтэй тэгшхэн сайхан хөлтэй.

밤에 걸어가다가 다리를 다쳤어요.
Шөнө харанхуйд явж байгаад хөлөө гэмтээчихсэн.

다리 гүүр

철교
төмөр гүүр

우리는 다리를 건너 건너편 기슭으로 갔다.
Бид гүүрээр гарч эсрэг талын эрэг рүү явсан.

다섯번째 тавдахь, тавдугаарı

우리들은 5호차에 탔다.
Бид 5 дугаар машинд суусан.

나는 한국에 다섯번 갔었다.
Би таван удаа Солонгос явсан.

다시 дахин

그는 책을 두권 더 집었다.
Тэр дахин 2 ном нэмж авав.

싸락눈이 또 내렸다.
Цас дахин хялмаалан орлоо.

다양한 янз бүрийн

우리 의견은 완전히 각양각색이다.
Бидний санал янз бүр байна.

나는 여러 부류의 사람들과 알게 되었다.
Би янз бүрийн хүмүүстэй(хүнтэй) танилцсан.

각종 식물
төрөл бүрийн ургамал

다양한 동물
олон төрлийн амьтан

(ㄱ)다음에 дараа

우리는 공부를 한 다음 텔레비전을 보았다.
Бид хичээлээ хийгээд дараа нь телевиз үзсэн.

먼저 나는 도서관에 갔다가 다음에 영화관에 갈 것이다.
Би эхлээд номын сан ороод дараа нь кино театр луу явна.

다음의 дараагийн

다음 번에, 이튿날에
дараагийн удаад, дараагийн өдөр

이튿날 나는 일찍 일어났다.
Дараагийн өдөр нь би эрт боссон.

단과대학 дээдсургууль, факультет

대학을 마친 다음에 그는 광산 기사로 일했다.
Тэрээр дээд сургуулиа төгсөөд уул уурхайн инженерээр ажилласан.

나의 언니는 생물 단과대에서 가르친다.
Эгч минь биологийн факультетад багшилдаг.

단어 үг

이 단어는 무슨 뜻입니까?
Энэ үг ямар утгатай вэ?

단어장 үгийн дэвтэр

나는 매일 새 단어를 외우고 있다.
Би өдөр болгон шинэ үг цээжилж байгаа.

단위 нэгж хэмжээс

용량, 처벌조치, 긴급(비상)조치, 다같이, 완전히
хэмжээ, шийтгэх арга хэмжээ, яаралтай (онцгой) арга хэмжээ, бүгд нэгэн адил, бүрэн

길이의 기본 단위는 미터이다.
Уртыг хэмжих үндсэн нэгж нь метр.

단호하게 эрс шийдмэг

그는 그 곳에 가기를 단호하게 거부했다.
Тэр тийшээ явахаас эрс татгалзсан.

단호한 대답, 단호한 조치, 결정적인 순간
Эрс шийдэмгий хариулт, тууштай арга хэмжээ, шийдвэрлэх мөч

닫다 xaax

구름이 해를 가렸다.
Үүл нарыг халхлав.

저기 봐, 전 문이 닫히네.
Тийшээ хардаа, ордны хаалга хаагдаж байна.

단단한 хатуу чанга, бөх бат

이것을 단단한 재료로 만들었다고 한다.
Үүнийг бөхбат материалаар хийжээ.

엄격하고 단단한 체제로 금지하는 곳
чанга дэглэмтэй хорих газар

달 сар

몇 월에 태어났습니까?
Хэдэн сард төрсөн бэ?

보름 달이 높이 떠다.
Тэргэл сар өндөрт манджээ.

딸 охин

그녀는 아들이 둘이고 딸이 셋이다.
Тэр эмэгтэй хоёр хүү, гурван охинтой.

나의 딸은 4살이다.
Миний охин дөрвөн настай.

달러 америк доллар

이 책은 2불이다.
Энэ ном 2 долларын үнэтэй.

여기 미달러로도 거래되나요?
Энд америк доллараар гүйлгээ хийдэг үү?

달력 хуанли

달력이 벽에 걸려 있다.
Хуанли ханадн өлгөөтэй байна.

책상 위에 달력이 놓여 있다.
Ширээн дээр хуанли тавиастай байна.

달리기 гүйх

그는 100m 달리기에서 우승했다.
Тэр 100 метрийн гүйлтэнд түрүүлсэн.

나는 하루 종일 용무로 뛰어다녔다.
Би өдөржингөө ажилтай гүйсэн.

닭 тахиа

암탉이 알을 낳는다.
Эм тахиа өндөг гаргадаг.

닭고기, 달걀
тахианы мах, тахианы өндөг

닮은 төстэй, дуурайсан

그들은 서로 닮았다.
Тэд хоорондоо төстэй.

나는 아버지를, 동생은 어머니를 닮았습니다.
Би аавыг, дүү ээжийг дуурайсан.

담배 тамхи

그는 내게 담배를 권했다.
Тэр надад тамхилахыг санал болгосон.

재떨이, 담배갑
үнсний сав, тамхины хайрцаг

담요 хөнжил

엄마가 아기에게 담요를 덮어주었다.
Ээж нь хүүхдээ хөнжлөөр хучсан.

그는 자리에 누워 눈위까지 담요를 뒤집어썼다.
Тэр орондоо ороод нүүрээ хүртэл хөнжлөөр бүтээсэн.

(잡아) 당기다 татах

밧줄을 당기다
олс татах

그는 내 머리를 잡아당겼다.
Тэр миний үснээс татсан.

당면한 тулгарах

당면 과제
тулгарсан асуудал

당면한 문제를 얼른 해결해야 한다.
Тулгамдсан асуудлыг хурдан шийдвэрлэх хэрэгтэй.

당신 та

당신은 우리의 가장 좋은 친구입니다.
Та, бидний хамгийн сайн найз.

당신의 성은 무엇입니까?
Таны овог хэн бэ?

대기 агаар, агаар мандал

달에는 대기가 없다.
Саран дээр агаар байхгүй.

대기의 압력
атмосферийн даралт

대다수 ихэнх

대부분의 학생들이 휴가를 떠났다.
Ихэнх оюутнууд амралтаар явсан.

선거에 대다수의 의견을 받은 당은 이긴다.
Сонгуульд олонхийн санал авсан нам нь ялдаг.

대답 хариу, хариулт

내 질문에 대한 대답으로 그녀는 웃기만 했다.
Миний асуултын хариуд тэр эмэгтэй зөвхөн инээмсэглэсэн.

나는 그의 편지에 답신을 했다.
Би түүний захианд хариу бичсэн.

대답하다 хариулах

학생은 선생님의 질문에 답했다.
Сурагч багшийн асуултанд хариулсан.

나는 시험 문제들에 맞게 답했다.
Би шалгалтын асуултуудыг зөв хариулсан.

때때로 үе үе, хааяа

가끔 그는 나를 찾아왔다.
Тэр хааяа над дээр ирдэг.

그 사람의 건강은 가끔씩 나빠진다.
Түүний бие үе үе мууддаг.

대량의 их хэмжээний, өргөн хүрээний

대중문학, 일반독자, 대량생산
нийтийн уран зохиол, энгийн уншигч, их хэмжээний үйлдвэрлэл

이것은 대량 생산품이다.
Энэ бүтээгдэхүүнийг их хэмжээгээр үйлдвэрлэсэн.

대령 хурандаа

그는 육군 대령으로 승진했다.
Тэрээр явган цэргийн хурандаа болж дэвшсэн.

나의 아버지는 대령이시다.
Миний аав хурандаа цолтой.

대륙 эх газар

대륙붕
эх газрын хормой

대륙성 기후
эх газрын уур амьсгал

때리다 цохих, зодох, занчих

누가 내 머리를 때렸나?
Хэн миний толгой руу цохисон бэ?

어린 아이를 때려선 안된다.
Бага насны хүүхдийг зодож болохгүй.

때마침 яг тэр үед

때마침 돈이 들어왔다.
Яг тэр үед мөнгө орж ирсэн.

이번 회의에 때마침 문제에 대해 이야기했다.
Энэ удаагийн хуралд яг цагаа олсон асуудлын тухай ярилаа.

대사 элчин сайд

대사관
элчин сайдын яам

특명전권대사
Онц бөгөөд бүрэн эрхт элчин сайд

대상 обьект

이것은 훌륭한 연구 대상이다.
Энэ бол судалгааны гайхалтай обьект.

객관적으로
обьектив аргаар

대신에 оронд

그가 나 대신에 갔다.
Тэр миний оронд явсан.

내가 네 대신에 이 일을 하겠다.
Би чиний оронд чиний энэ ажлыг хийе.

대양 далай

태평양
номхон далай

배는 대양(바다)을 항해하고 있었다.
Завь далайг чиглэн хөвж байсан.

대책 эсрэг арга хэмжээ

비상대책, 예방대책
онцгой тохиолдолд авах арга хэмжээ, урьдчилан сэргийлэх арга хэмжээ

위원회는 공장 노동을 개선하기 위한 일련의 대책을 내놓았다.
Зөвлөл үйлдвэрийн ажилчдын хөдөлмөрийн нөхцөлийг сайжруулахын тулд шат дараалсан арга хэмжээ авах санал гаргасан.

대포 их буу

그들은 대포로 포격을 했다.
Тэд их буугаар гал нээсэн.

그들은 적을 향해 대포를 쏘았다.
Тэд дайсан руу их буугаар буудав.

대표 төлөөлөл

외교대표, 통상대표
гадаад харилцааны төлөөлөл, худалдааны төлөөлөгч

공장에 부처의 대표가 도착했다.
Үйлдвэрт салбарын төлөөлөгч очсон.

대학 дээд сургууль

연구소, 사범대학
судалгааны хүрээлэн, багшийн дээд сургууль

나는 내년에 대학을 졸업할 거예요.
Би дараа жил дээд сургуулиа төгсөнө.

대화 яриа, ярилцах

의장은 학생들과 대담을 가졌다.
Зөвлөлийн дарга оюутнуудтай уулзалт ярилцлага хийсэн.

우리의 대화는 예술과 음악으로 이어졌다.
Бидний яриа урлаг болон хөгжмийн талаарх сэдвээр үргэлжилсэн.

(~타고) 떠나다 явах, орхиж явах

그는 외국에 갔다.
Тэр гадаад руу явсан.

어린 나이의 아이들을 집에 남겨두고 가면 안 된다.
Бага насны хүүхдийг гэртээ орхиж явж болохгүй.

더러운 бохир, муухай

종일 비가 와서 길거리가 더러워졌다.
Өдөржин бороо орсон учраас гудамж муухай болсон байлаа.

먼지가 많아서 옷이 너무 더러워졌다.
Тоос шороо ихтэй байгаа болохоор хувцас их бохирдчихлоо.

더욱 улам, илүү

이것은 10000 투그릭 이상 나간다.
Энэ 10000 төгрөгөөс илүү гарна.

더욱 좋게, 더욱 나쁘게, 더더욱
илүү сайн, илүү муу, улам сайн

더운 халуун

열대 지방 국가
халуун орны улс

금년 여름은 덥다.
Энэ зун их халуун байна.

더좋은 илүү сайн

네 방은 내 방보다 더 좋다.
Чиний өрөө минийхээс илүү сайхан.

그녀는 이제 피아노를 조금 더 잘친다.
Тэр эмэгтэй одоо төгөлдөр хуур илүү сайн тоглодог болсон.

덕분에 ачаар

당신 덕분에 우리가 기한 내에 일을 마칠 수가 있었다.
Таны ачаар бид ажлаа хугацаандаа дуусгаж чадлаа.

좋은 의사 선생님 덕분에 내 몸이 건강해졌다.
Сайн эмчийн ачаар миний бие эрүүл болсон.

던진다 шидэх, хаях

소년은 창문에 돌을 던졌다.
Хүү цонх руу чулуу шидсэн.

이 쓰레기를 내다버려라.
Энэ хогийг гаргаж хая.

떨다 чичрэх

그는 온 몸을 부들부들 떨고있다.
Түүний бүх бие чичирч байна.

무서웠으니까 목소리도 떨어요.
Айсандаа хоолой хүртэл чичирч байна.

떨어지다 унах, хямдрах

나뭇 잎이 떨어지고 있다.
Модны навч унаж байна.

식료품 가격이 떨어지고 있다.
Хүнсний бүтээгдэхүүний үнэ хямдарч байгаа.

덥다 халуун

오늘은 덥다.
Өнөөдөр халуун байна.

한국 사람들은 더운 날에 삼계탕을 먹어요.
Солонгос хүмүүс халуун өдөр самгетан иддэг.

덮다 хучих, халхлах

땅이 눈으로 덮였다.
Газар цасаар хучигдсан.

햇빛이 얼굴에 내리 쬐어서 손으로 가렸다.
Нар нүүрэн дээр эгц тусаад гараараа халхаллаа.

데리고가다 дагуулж явах, хөтөлж явах

엄마가 아기 손을 잡고 데리고 간다.
Ээж хүүхдийн гараас хөтөлж явна.

그들은 노인을 의사에게 데려갔다.
Тэд хөгшнийг эмчид дагуулж очсон.

데리고오다 дагуулж ирэх

그를 여기에 데리고 오시오.
Түүнийг энд дагуулаад ир.

그는 여러 차례에 걸쳐 그여자를 우리에게 데리고 왔다.
Би удаа дараа тэр эмэгтэйг дагуулж ирсэн.

~도 бас, ч

학생은 하나의 실수도 하지 않았다.
Сурагч нэг ч алдаа гаргаагүй.

하늘에는 구름 한점 없다.
Тэнгэрт ганц ч үүл байхгүй байсан.

나도 가고 싶다.
Би ч бас явмаар байна.

##도구 хэрэгсэл, төхөөрөмж

농기구
тариалангийн төхөөрөмж

언어는 개념의 전달 수단이다.
Хэл бол оюун санааны илэрхийлэх хэрэгсэл.

도끼 сүх

그는 도끼로 문을 내리찍었다.
Тэр сүхээр хаалгыг цавчсан.

도끼자루
сүхний иш

도대체 ингэхэд, ер нь

도대체 내 안경이 어디에 있습니까?
Ингэхэд миний нүдний шил хаана байна вэ?

도대체 너는 언제 오려고 하니?
Чи ер нь хэзээ ирэх гэж байна вэ?

도덕 ёс суртахуун

그녀는 도덕에 어긋난 행동을 했다.
Тэр бүсгүй ёс суртахуунгүй үйл хөдлөл хийсэн.

도덕적 책임, 고상한 도덕적 품성을 가진 사람
ёс суртахууны хариуцлага, их зантай хүн

도망가다 зугтах

소년은 집으로 달아났다.
Хүү гэр лүүгээ зугтсан.

영양이 호랑이 때문에 겁을 먹고 도망갔다.
Гөрөөс бараас айгаад зугтсан.

도면 зураг төсөл

그는 건물 도면을 그리고 있다.
Тэр энэ барилгын зураг төслийг хийж байгаа.

설계 도면
барилгын зураг төсөл

도서관 номын сан

어제 나는 도서관에서 책을 빌렸다.
Би өчигдөр номын сангаас ном авсан.

한국외국어대학교 도서관에 좋은 외국 서적들이 많다.
Солонгосын Гадаад Судлалын Их Сургуулийн номын санд олон сайхан гадаад ном бий.

도시 хот

우리는 밤에 도시에 도착했다.
Бид шөнө хотод хүрч очсон.

나는 도시 생활에 익숙해 있다.
Би хотын амьдралд дассан.

도와주다 туслах

그녀는 자주 엄마 일을 거들어 드린다.
Тэр эмэгтэй ээждээ байнга тусалдаг.

누나는 내가 물리문제 푸는 것을 도와주었다.
Эгч надад физикийн бодлого бодоход тусалсан.

어려울 때면 그는 항상 나를 도와주러 왔다.
Тэр надад хэцүү үед туслахаар үргэлж ирдэг байсан.

도장 тамга

도장을 찍다
тамга дарах

조직의 도장
байгууллагын тамга тэмдэг

날인 된 서류
тамгатай бичиг

도착하다 хүрэх, очих

아버지는 다음 주에 동경에 도착하신다.
Аав дараагийн долоо хоногт Токиод очно.

도착
хүрэх, очих, ирэх

도처에 энд тэнд

나는 여기저기 편지를 다 찾았지만 아무 곳에서도 찾지 못했다.
Би энд тэндгүй захиаг хайсан боловч хаанаас ч олж чадсангүй.

도처에서
энд тэндээс

독립 тусгаар тогтнол, тусгаар

그는 조국의 독립을 위해 목숨을 바쳤다.
Тэр эх орныхоо тусгаар тогтнолын төлөө амиа зориулсан.

독립국가
тусгаар тогтносон улс

똑바로 шулуун, чигээрээ

이 길을 따라 곧장 가시오.
Энэ замаар чигээрээ яваарай.

집으로 바로 가세요?
Шууд гэр лүүгээ явах уу?

독일 Герман

독일어는 인도-유럽 계통어의 하나이다.
Герман хэл бол энэтхэг-европ язгуурын хэлний нэг юм.

독일은 우수한 운동선수들을 양성했었다.
Герман улс шилдэг тамирчид олныг төрүүлсэн.

독일인 герман хүн

독일인은 독일주민의 기저를 이루는 민족이다.
Герман үндэстэн бол германы ард түмнийг бүрдүүлэгч гол үндэстэн.

그는 독일 음악을 공부하고 있다.
Тэр герман үндэсний хөгжмөөр суралцдаг.

독신 гоонь, ганц бие

독신자
ганц бие хүн

그 여자는 평생을 독신으로 살고 있다.
Тэр эмэгтэй насан туршдаа ганцаараа амьдарч байгаа.

독자 уншигч

신문은 독자의 투고를 실어야 한다.
Сонин уншигчдын нийтлэлийг гаргах ёстой.

이번 달에 우리 잡지의 독자 수가 많아지고 있다.
Энэ сард манай сэтгүүлийг уншигчдын тоо олширч байна.

독창성 бүтээлч, бие даасан

작품의 독창성
бүтээлийн давтагдашгүй онцлог

창의적인 사람
бүтээлч хүн

돈 мөнгө

그는 항상 빈털터리이다.
Тэр үргэлж мөнгөгүй байдаг.

용돈, 술값
хэрэглээний мөнгө, архины мөнгө

돌 чулуу

그는 커다란 돌 위에 앉아 있다.
Тэр том чулууны дээр сууж байна.

크렘린 돌담 앞에 붉은 광장이 있다.
Кремлийн чулуун хананы урд талд Улаан талбай байдаг.

돌려주다 буцааж өгөх

벌써 도서관에 책을 반납할 시간이다.
Номын санд номоо буцааж өгөх хугацаа болчихжээ.

이 책을 도서관에 반납해 주세요.
Энэ номыг номын санд буцаагаад өгчих.

돌아서다 эргэж харах, буруу харах

그는 우리쪽으로 돌아섰다.
Тэр бидэн рүү эргэж харан зогссон.

나가려다 말고 돌아서면서 물었다.
Гарах гэснээ эргэж харан асуув.

동기 нөхөр, анд

전쟁의 동기
дайны анд

개는 사람의 좋은 친구이다.
Нохой бол хүний сайн нөхөр.

동등한 адил, тэнцүү, тэгш

만인은 법 앞에 평등하다.
Бүх хүн хуулийн өмнө тэгш эрхтэй.

2 + 4 = 6
Хоёр дээр нэмэх нь дөрөв тэнцүү зургаа.

동료 найз нөхөд

그에게는 항상 유쾌한 친구들이 모여든다.
Түүн дээр үргэлж хөгжилтэй найзууд цугларадаг.

저 사람은 동료를 많이 도와준다.
Тэр найз нөхдөдөө их тусалдаг.

동물 амьтан

동물계
амьтны ертөнц

동물원
амьтны хүрээлэн

동시에 нэг дор, нэг зэрэг

우리는 동시에 역에 도착했다.
Бид нэг зэрэг буудалд хүрч очсон.

사건이 동시에 발생했다.
Хэрэг явдал нэгэн зэрэг болов.

동아리 дугуйлан

우리는 몽골어 동아리를 만들었다.
Бид монгол хэлний дугуйлан байгуулсан.

학창시절 그는 프랑스어 동아리에서 활동했다.
Тэр оюутан байхдаа франц хэлний дугуйланд явдаг байсан.

동지 нөхөр, анд

전우, 학우
дайны анд, сургуулийн анд

동지들, 회의를 시작하겠습니다.
Нөхөдөө, хурлаа эхэлье.

돼지 гахай

우리 농장에는 우량 품종의 돼지 500마리가 있다.
Манай ферм сайн үүлдрийн 500 гахайтай.

멧돼지고기는 맛있다.
Зэрлэг гахайн мах амттай.

두려운 аймаар, аймшигтай

그는 무서운 사람이니 조심하세요.
Тэр аймаар хүн тул болгоомжил.

그는 혼자 있는 것을 무서워한다.
Тэр ганцаараа байхаас айдаг.

두번째 2 дугаар, 2 дахь

2월은 1년중에 두번째 달이다.
2 дугаар сар бол жилийн 2 дахь сар.

오늘은 월의 두번째 일이다.
Өнөөдөр сарын эхний хоёрдох өдөр.

둘 хоёр

커다란 집 두채가 새롭게 건축되었다.
Хоёр том байшин шинээр баригдсан.

그 학생이 어려운 문제 두개를 풀었다.
Тэр сурагч 2 хэцүү бодлогыг бодсон.

둘러싸다 хүрээлэх

늪은 숲으로 둘러싸였다.
Намаг ойгоор хүрээлэгдсэн.

에워싸다
тойрон хүрээлэх

둘째로 хоёрдугаарт

우선 나는 피곤하고 그 둘째로 자고 싶다.
Нэгдүгээрт, би ядарч байна, хоёрдугаарт, би унтмаар байна.

너의 이름이 두번째에 적혀 있었어.
Чиний нэр хоёрдугаарт бичигдсэн байна.

둥근 дугариг, дугуй

원탁에 앉읍시다.
Дугуй ширээнд сууцгаая.

하늘에 떠 있는 달은 아주 둥글다.
Тэнгэрт байгаа сар дув дугуй.

뒤로 хойш, арагш

그는 갑자기 뒤를 돌아보았다.
Тэр гэнэт хойшоо эргэн харсан.

너 조금만 뒤에 앉아.
Чи жаахан арагшаа суу.

뛰어난 гаргууд, гарамгай

그는 몽골어를 뛰어나게 잘한다.
Тэрээр монгол хэлийг гаргууд эзэмшсэн.

뛰어난 학자
гарамгай эрдэмтэн

~뒤에 ард, хойно

장이 소파 뒤에 놓여 있다.
Буйдангийн ард шүүгээ тавьсан байна.

내 뒤를 누군가 따라오고 있다.
Хэн нэгэн миний араас дагаад байна.

드레스 даашинз

그녀는 긴 드레스를 입었다.
Тэр эмэгтэй урт даашинз өмссөн.

이 드레스 정말 예쁘다!
Энэ ямар гоё даашинз вэ?

드문 ховор

귀한 손님
ховор зочин

그런 경우는 매우 드물다.
Тийм тохиолдол их ховор.

~든지 юмуу эсвэл

내일 나는 극장이나 혹은 박물관에 가려한다.
Би маргааш театр луу юмуу эсвэл музей рүү явна.

네가 우리 집에 오든지 내가 너희 집에 갈게.
Чи манайд хүрээд ир, эсвэл би танайд очъё.

듣다 сонсох

나는 어디선가 이 목소리를 들은 적이 있다.
Би энэ дуу хоолойг хаа нэгтээ сонссон удаа бий.

그 사람말이 들리세요?
Тэр хүний яриа сонсогдож байна уу?

들르다 дайрах

집에 가는 길에 그는 우체국에 들렀다.
Тэр гэртээ харих замдаа шуудангаар дайрсан.

잠시 들러주게.
Түр дайраад гараарай.

들어가다 орох

들어가도 좋습니까? 예, 들어오십시오.
Орж болох уу? За, ороорой.

누군가 방으로 들어갔다.
Хэн нэгэн өрөө рүү орсон.

들어올리다 өргөх

질문이 있으면 오른 손을 드세요.
Асуулт байвал баруун гараа өргөнө үү.

엄마는 마루에서 아기를 안아 올렸다.
Ээж нь хүүхдээ шалан дээрээс тэврэн өргөсөн.

뜻밖에 санамсаргүй, гэнэт

뜻밖에도 아버지가 돌아오셨다.
Санамсаргүй байтал аав буцаад ирсэн.

새로운 소식은 모두에게 뜻밖이었다.
Шинэ сураг бүгдэд гэнэтийн байлаа.

들판 тал, хээр

들판이 눈으로 덮였다.
Тал цасаар хучигдсан.

들판에서 자다.
Хээр хонох.

뜻 утга агуулга

단어의 뜻, 좁은(넓은) 의미에서, 생의 의미
үгийн утга, нарийн утгаар, амьдралын утга учир

그녀는 그가 한말의 뜻을 이해할 수가 없었다.
Тэр эмэгтэй түүний хэлсэн үгийн утгыг ойлгосонгүй.

등 нуруу

그는 창을 등지고 서있다.
Тэр цонх руу нуруугаа харуулаад зогсож байна.

몽골 알타이 산맥
Монгол Алтайн нуруу

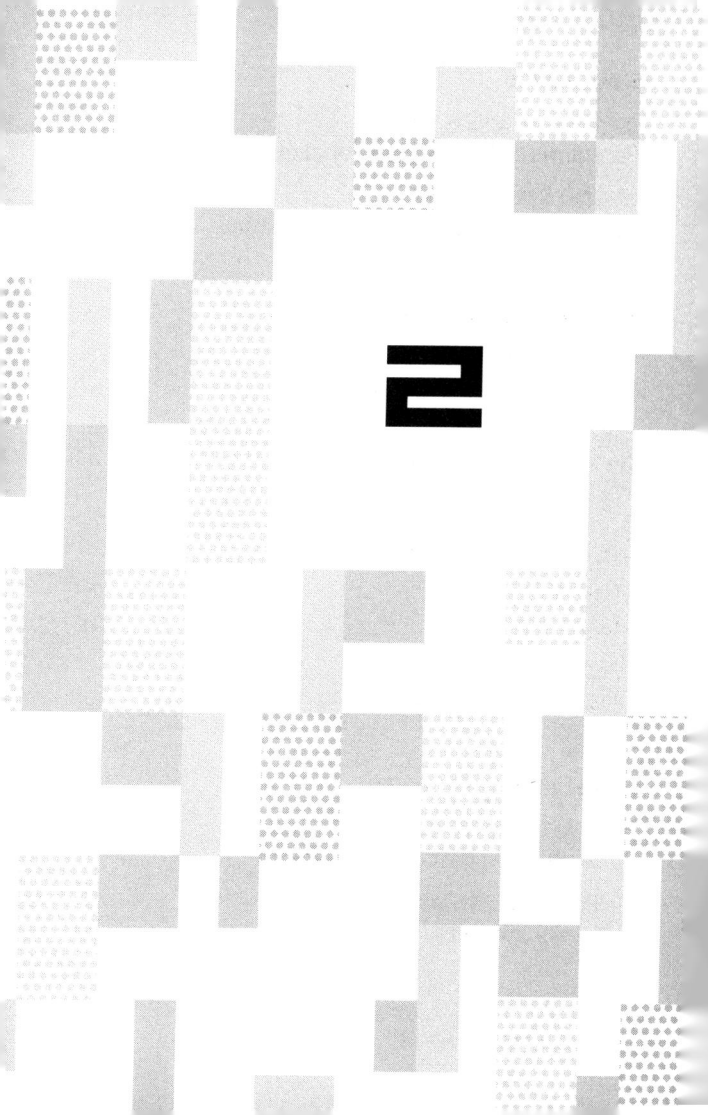

라디오 радио

밤에 우리는 자주 라디오를 듣는다.
Бид шөнө байнга радио сонсдог.

라디오에서 좋은 음악이 나온다.
Радиогоор сайхан хөгжим явж байна.

러시아어로 оросоор, орос хэлээр

나는 러시아어로 이야기하고 싶다.
Би оросоор яримаар байна.

나는 러시아어를 배우고 있다.
Би орос хэл сурч байгаа.

레인지 плитка, цахилгаан зуух

전기레인지
Цахилгаан зуух

엄마는 가스레인지에서 식사를 하신다.
Ээж хийн зуухан дээр хоол хийж байна.

레코드 пянз тоглуулагч

좋은 판이 있으면 틀어주세요.
Дажгүй пянз байвал тоглуулаач.

우리집에 옛날 레코드가 있다.
Манайд дээр үеийн пянз тоглуулагч бий.

로케트 пуужин
ICBM Тив алгасагч пуужин

로케트는 대기에서는 물론 우주공간에서도 작동할 수 있다.
Пуужин агаар мандал төдийгүй сансар огторгуйд ч ажилладаг.

로케트를 쏘아 올리다.
Пуужин хөөргөх.

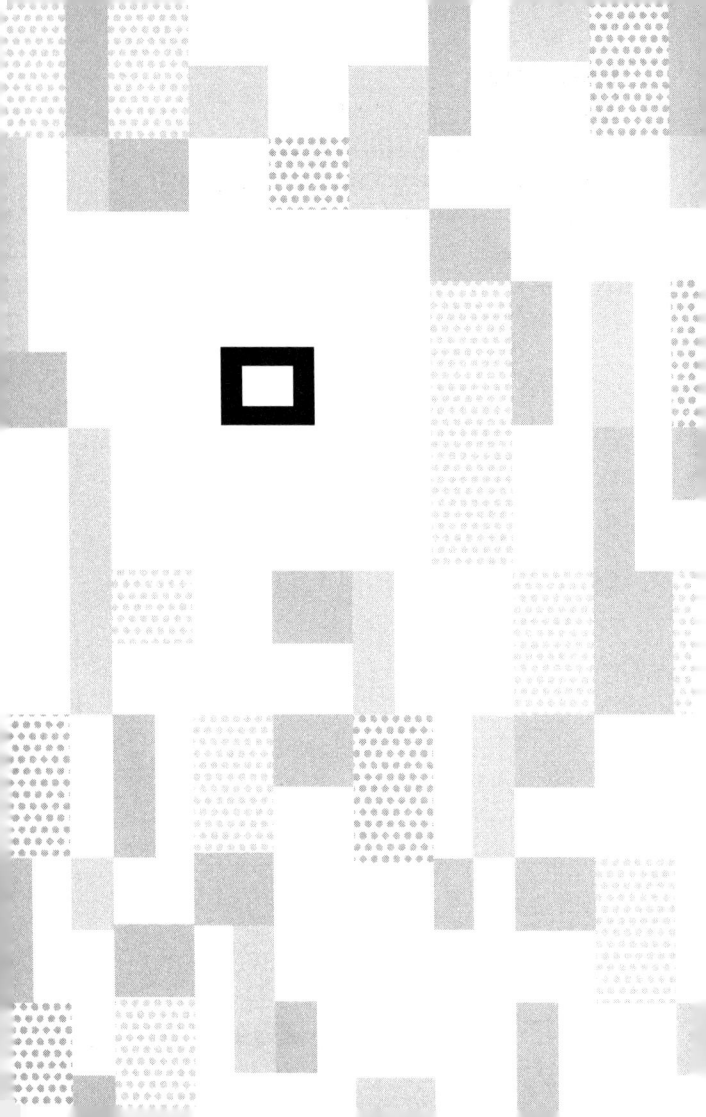

마당 хашаа

아이들이 마당에서 놀고 있다.
Хүүхдүүд хашаанд тоглож байна.

마당에 꽃이 예쁘게 피었다.
Хашаанд цэцэг сайхан ургасан байна.

마련하다 бэлтгэх, бэлдэх

학생들은 시험을 잘 준비했습니다.
Оюутнууд шалгалтандаа сайн бэлтгэжээ.

어머니께서 저녁식사를 마련하고 계신다.
Ээж оройн хоол бэлдэж байна.

마루 шал

마루바닥
модон шал

책이 마루에 떨어졌다.
Ном шалан дээр унасан.

마른 хуурай, хатсан

풀이 벌써 바싹 말랐다.
Өвс аль хэдийн хорчийтол хатжээ.

건조하고 마른 기후
хуурай агаар

마시다 уух

나는 당신이 술을 좀 한다고 들었다.
Би таныг архи жаахан уудаг гэж сонссон.

그는 보드카 한잔을 마시고 말하기 시작했다.
Тэр нэг хундага архи уугаад ярьж эхэлсэн.

마을 тосгон

마을은 강가에 있었다.
Тосгон голын эрэг дээр байдаг.

나의 할아버지 할머니께서는 마을에 사신다.
Миний өвөө эмээ хоёр тосгонд амьдардаг.

마음에 들다 таалагд а х

나는 그 배우가 마음에 든다.
Тэр жүжигчин надад таалагддаг.

나는 이 아가씨가 마음에 들지 않는다.
Надад энэ охин таалагдахгүй байна.

마지막 сүүлийн, эцсийн

끝까지, 끝없이, 결국, 시작과 끝
эцсээ хүртэл, эцэс төгсгөлгүй, эцэст нь, эхлэл ба төгсгөл

내일 기말고사가 있다.
Маргааш сүүлийн шалгалттай.

마치다 дуусгах

우리는 오늘 저녁에 일을 마쳐야 한다.
Бид өнөө орой энэ ажлыг дуусгах хэрэгтэй.

나는 무엇으로 시작하여 무엇으로 끝내야 하는지 모르겠다.
Би юугаар эхэлж юугаар дуусгахаа мэдэхгүй байна.

연주회는 밤 9시에 끝났다.
Тоглолт оройн есөн цагт дууссан.

마침내 эцэст нь

드디어 그들이 우리를 발견했다.
Эцэст нь тэд биднийг олж харсан.

이 일의 결과는 마침내 잘 되었다.
Энэ ажлын үр дүн эцэстээ сайн болсон.

막 хөшиг, хаалт

막이 오르고 있다.
Хөшиг нээгдэж байна.

조명을 키고 막을 쳐.
Гэрлээ асаагаад хөшгөө тат.

막노동 хар ажил

그 사람은 막노동을 한다.
Тэр хүн хар ажил хийдэг.

막노동은 가치가 적다.
Хар ажил үнэлгээ багатай байдаг.

만나다 уулзах

귀가 길에 아버지를 만났다.
Гэртээ харих замдаа аавтай уулзсан.

그런데 우리 어디서 만날까요?
Тэгвэл бид хаана уулзах вэ?

만들다 хийх

이 여자 음식을 잘 만들어요.
Энэ эмэгтэй хоол сайн хийдэг.

우리 아빠가 대나무로 여러가지 기물을 만들어요.
Манай аав хулсаар янз бүрийн эдлэл хийдэг.

만장일치 санал нэгтэй

그것을 만장일치로 선택했다.
Түүнийг санал нэгтэй сонгосон.

만장일치로 가결하다.
Санал нэгтэйгээр батлах.

만족스럽게 сэтгэл хангалуун

아버지는 아들을 보고 만족스럽게 웃음을 지었다.
Эцэг нь хүүгээ хараад сэтгэл хангалуун инээмсэглэв.

그들은 현재의 생활에 만족한다.
Тэд одоогийн амьдралдаа сэтгэл хангалуун байдаг.

나의 월급이 만족스럽다.
Миний цалин хангалттай хүрдэг.

아버지께서 나에게 충분히 돈을 주셨다.
Аав надад хангалттай мөнгө өгсөн.

많은 их, олон

많은 세월이 흘렀다.
Ца гхугацаа их өнгөрсөн.

많은 사람들은 전쟁이 일어나지 않을 것이라고 생각한다.
Олон хүн дайн болохгүй гэж боддог.

많은 것 их зүйл

3일 동안 나 는많은 것을 보았다.
Би гурван өдрийн дотор олон юм үзсэн.

우리는 많은 것에 대해 서로 이야기해야 한다.
Бид олон зүйлийн талаар ярилцах хэрэгтэй.

말 морь

말을 타라! 지휘관이 명령했다.
Морио унаад! гэж командлагч тушаалаа.

나는 그가 말 타는 것을 도왔다.
Би түүнийг морин дээр мордоход тусалсан.

말하다 хэлэх, ярих

당신 말씀대로 하겠습니다.
Таны хэлснээр хийнэ.

당신은 몽골어로 말하셨습니까?
Та монголоор ярьсан уу?

망 тор, сүлжээ

어망, 철도망
загасны тор, төмөр замын сүлжээ

새 몇 마리가 망에 걸렸다.
Хэдэн шувуу торонд ороолцолджээ.

망치 алх

그는 망치로 못을 박았다.
Тэр алхаар хадаас хадсан.

망치는 집에 꼭 있어야 하는 도구 중 하나이다.
Алх бол гэрт заавал байх багажнуудын нэг юм.

맞다 таарах, онох

돌이 유리창에 맞았다.
Чулуу цонхны шилийг оносон.

궁수가 과녁을 맞추었다.
Харвaaч байг оносон.

매우 их, дэндүү

그는 매우 늦게 집에 갔다.
Тэр дэндүү оройтож харьсан.

나는 연극을 아주 좋아한다.
Би жүжигт их дуртай.

매운 гашуун

연기의 매운 냄새로 숨쉬기가 어려웠다.
Гашуун утаанд амьсгалахад бэрх байв.

약은 쓰지만 병에 도움이 된다.
Эм гашуун ч өвчинд тустай.

맥주 шар айраг

그는 맥주 한잔을 마셨다.
Тэр нэг аяга шар айраг уусан.

맥주병, 맥주안주
шар айрагны лонх, шар айрагны дaруулга

머리 толгой

그는 머리가 뛰어나다.
Тэр толгой сайтай.

그는 머리가 잘 돈다.
Тэр бодох сэтгэхдээ сайн. Түүний толгой сайн ажилладаг.

머리카락 үс

백발, 가발
цагаан үс, хиймэл үс

그녀의 머리는 아름답다.
Тэр эмэгтэй сайхан үстэй.

먼 хол

먼 친척
холын хамаатан

장거리여행, 먼장래에
холын зай, алс ирээдүйд

우리 배는 원양항해에서 돌아왔다.
Манай усан онгоц холын аяллаас буцаж ирсэн.

먼저 эхлээд

제일먼저, 무엇보다 먼저
хамгийн түрүүнд, юуны түрүүнд.

맨 처음부터 하세요.
Эхнээс нь хий.

먼지 тоос

먼지가 내 눈에 들어갔다.
Миний нүдэнд тоос орчихлоо.

장화는 먼지투성이었다.
Гутал тоосонд дарагдсан байлаа.

멀어지다 холдох

우리가 탄 기선은 벌써 연안에서 멀어졌다.
Бидний суусан хөлөг онгоц далайн эргээс холдон явсан.

너 나한테서 떨어져 줘!
Чи надаас холдоод өгөөч!

메모 зурвас, тэмдэглэл

여행기, 학보, 보고서
аяллын тэмдэглэл, сурагчийн тэмдэглэл, тайлан

그에게 이 메모를 전해주십시오.
Түүнд энэ зурвасыг дамжуулж өгнө үү.

면허증(허가증) зөвшөөрөл

당신은 허가증을 가져오셔야 합니다.
Та зөвшөөрлийн бичгээ авчирах хэрэгтэй.

허가증을 받아서 들어오세요.
Зөвшөөрлийн бичгээ аваад орж ирээрэй.

명령 тушаал

연대장은 사격 개시 명령을 내렸다.
Дивизийн захирагч гал нээх тушаал өгсөн.

병사들은 명령에 따라 사격을 개시했다.
Дайчид тушаалын дагуу гал нээлээ.

명령하다 тушаах

은행에 돈을 명령하고 있어요.
Банкинд мөнгө тушааж байна.

나한테 위에서 명령했다.
Надад дээрээс тушаасан.

명백하다 тодорхой, ил

그가 이것을 몰랐던 것이 분명했다.
Тэр үүнийг мэдээгүй нь тодорхой.

이것은 너무도 명백하다.
Энэ тов тодорхой.

명예 нэр төр

이것은 나에게 있어서 명예의 문제이다.
Энэ бол миний нэр төрийн асуудал.

이 행동은 당신에게 명예롭다.
Энэ үйл хэрэг таны хувьд нэр төртэй зүйл.

모기 шумуул

어제 밤에 모기에게 물렸어요.
Урд шөнө шумуулан дхазуулчихлаа.

모기 독
шумуулын хор

모든 бүх бүхий л

필요한 모든 것, 모든 것이 잘되고 있다.
Бүхий л хэрэгтэй зүйл, бүх зүйл сайн болж байна.

모든 것을 이해하겠다.
Бүгдийг ойлгож байна.

모래 элс

설탕가루
элсэн чихрийн нунтаг

아이들은 모래에서 놀기를 좋아한다.
Хүүхдүүд элсэн дээр тоглох дуртай.

모레 нөгөөдөр

모레 시험이 시작된다.
Нөгөөдөр шалгалт эхэлнэ.

모레가 되면 방학이다.
Нөгөөдөр болбол амралт болно.

모방 дуурайх, хуулбарлах

이것은 저것을 그대로 모방한 것이다.
Энэ нь нөгөө юмыг тэрчигээр нь хуулбарласан байна.

선생님 따라서 쓰세요.
Багшийг дуурайж бич.

모순 зөрчил, зөрчилдөөн

반항정신, 계급적모순
эсэргүү сэтгэлгээ, нийгмийн давхарга хоорондын зөрчил

이 사람들은 모순투성이라 이들의 행동을 이해하기 곤란하다.
Энэ хүмүүс эсрэг тэсрэг зөрчилдөөн ихтэй тул тэдний үйл хөдлөлийг ойлгоход хэцүү.

모습 дүр төрх

그는 건강한 모습이었다.
Тэр эрүүл чийрэг харагдаж байлаа.

그녀의 모습이 오랫동안 내 머리에서 떠나지 않았다.
Тэр эмэгтэйн дүр төрх миний толгойноос гарахгүй байлаа.

모자 малгай

그 여자는 챙이 있는 새 모자를 쓰고 있다.
Тэр эмэгтэй шинэ саравчтай малгай өмссөн байна.

그는 모자를 쓰고 다닌다.
Тэр малгай өмсөж явдаг.

목 хоолой, хүзүү

나는 목이 아프다.
Миний хоолой өвдөж байна.

그녀는 나의 목에 안겼다.
Тэр эмэгтэй миний хүзүүгээр тэвэрсэн.

목록 жагсаалт

선생은 학생들에게 필요한 책 목록을 주었다.
Багш сурагчдад хэрэгтэй номын жагсаалт өгсөн.

명단
нэрсийн жагсаалт

목소리 дуу хоолой

양심의 소리, 투표권
сэтгэлийн дуу хоолой, санал өгөх эрх

어머니의 목소리를 들으니 좋다.
Ээжийн дуу хоолойг сонсох сайхан байна.

목요일 пүрэв гариг

목요일에 집회가 있다.
Пүрэв гаригт цуглаантай.

이번주 목요일에 고향에 돌아간다.
Энэ долоо хоногийн дөрөв дэхь өдөр нутаг буцна.

목표 зорилго

평화적인 목적으로, 무슨 목적으로?
энх тайвны зорилгоор, ямар зорилгоор?

그는 공부잘하는 것을 스스로의 목표로 삼고 있다.
Тэр хичээлдээ сайн сурахыг өөрийн зорилгоо болгосон.

무거운 хүнд, хэцүү

힘든 임무, 중벌, 고통스러운 죽음
хэцүү ажил, хүнд шийтгэл, зовлон түхэл

나는 무거운 트렁크들을 가지고 있다.
Би хүнд ачаатай.

무기 зэвсэг

우리는 군비 확장을 반대한다.
Бид цэрэг зэвсгийн зардлы гнэмэгдүүлэхийг эсэргүүцэж байна.

지식보다 더 큰 무기는 없다.
Эрдэм мэдлэгээс илүү зэвсэг үгүй.

무료 үнэ төлбөргүй

이 박물관 입장은 무료이다.
Энэ музейг үзэхэд үнэ төлбөргүй.

무료 교육
үнэ төлбөргүй сургалт

무릎 өвдөг

그녀는 무릎을 꿇고있다.
Тэр эмэгтэй өвдөг сөхрөн сууна.

강변의 물은 무릎 조금 높이까지 찬다.
Голын эрэг орчмын ус нь өвдөг хүрэх хавьцаа гүн.

무서워하다 айх, эмээх

그는 아무것도 두려워하지 않는다.
Тэр юунаас ч айхгүй.

두려운 것 없이 살다.
Айж эмээх зүйлгүй аж төрөх.

무섭게 못생긴 사람
аймаар муухай хүн

무엇 юу

너는 무엇을 원하니?
Чи юу хүсч байна вэ?

당신은 무엇을 생각하고 계십니까?
Та юу бодож байна вэ?

무엇이든 ямар нэгэн

그가 여기에 대해 무엇인가 알고 있는게 있습니까?
Түүнд энэ талаар ямар нэгэн мэдэж байгаа зүйл бий юу?

당신 스스로에 대해 무언가 이야기해 주십시오.
Та өөрийнхөө талаар ямар нэгэн зүйл ярина уу.

무역 гадаад худалдаа

무역, 도매, 소매
гадаад худалдаа, бөөний худалдаа, жижиглэнгийн худалдаа

그는 무역업을 한다.
Тэр гадаад худалдааны чиглэлээр ажилладаг.

문 хаалга

그녀는 문을 열었다.
Тэр эмэгтэй хаалга онгойлгосон.

교문 앞에서 당신을 기다리고 있습니다.
Сургуулийн хаалганы өмнө таныг хүлээж байя.

문명 соёл иргэншил

문명의 이기
соёл иргэншлийн ач тус

유목문명
нүүдлийн соёл иргэншил

문법 хэлзүй

최근 외국인을 위한 몽골어 문법 교재가 나왔다.
Гадаад хүнд зориулсан монгол хэлний хэлзүйн сурах бичиг шинээр гарсан.

어떤 언어의 문법을 잘 배우면 똑바로 말하고 쓸 수 있다.
Аливаа хэлний хэлзүйг сайн сурвал зөв ярьж, бичиж чадна.

문자 үсэг, бичиг үсэг

키릴 문자
кирилл үсэг

몽골 문자
монгол бичиг

문제 асуудал

문제는 누가 이것을 할 것인가 하는 점이다.
Асуудал нь үүнийг хэн хийх вэ гэдэгт л байна.

이것은 현대 과학의 문제이다.
Энэ бол орчин үеийн шинжлэх ухааны асуудал.

문학 уран зохиол

나착더르지에 관한 문헌, 문학 청년
Нацагдоржийн талаарх ном зохиол, залуу уран зохиолч

그는 아동 문학을 공부하고 있다.
Тэр хүүхдийн уран зохиол сурч байгаа.

문학의 уран зохиолын

표준어, 문학유상, 문학사조
төв аялгуу, уран зохиолын өв, уран зохиолын хандлага

그에 의해 작은 문학 서클이 결성되었다.
Түүний санаачлагаар жижгэвтэр уран зохиолын дугуйлан нээгдсэн.

문화 соёл

그는 아주 교양있는 사람이다.
Тэр их соёлч боловсон хүн.

경주는 한국의 중요한 문화 도시이다.
Гёнжү бол Солонгосын соёлын томоохон төв.

어떤 민족의 문화를 연주하는 것은 흥미로운 일이다.
Аливаа ард түмний соёлыг судлах сонирхолтой ажил.

물 ус

그는 항상 냉수로만 세수를 한다.
Тэр үргэлж хүйтэн усаар нүүр гараа угаадаг.

수상교통은 경제에 커다란 역할을 한다.
Усан тээвэр эдийнз асагт чухал үүрэгтэй.

물건 эд зүйл

물건을 도둑 맞는 것을 조심하세요.
Эд зүйлээ хулгайд алдахаас болгоомжил.

이거 누구 물건이에요?
Энэ хэний эд зүйл вэ?

물고기 загас

그들은 호수로 낚시를 갔다.
Тэд нуур луу загасчилахаар явсан.

우리 친구 아버지는 어르헝강에서 큰 물고기를 잡았다.
Миний найзын аав Орхон голоос том загас барьсан.

물론 мэдээж

당신은 독서를 좋아합니까? 물론이지요.
Та ном унших дуртай юу? Мэдээж шүү дээ.

물론 사전을 가지고 왔다.
Мэдээж толь бичгээ авчирсан.

물리학 физик

원자핵 물리학
цөмийн физик

그는 원자물리학을 연구한다.
Тэр цөмийн физик судалдаг.

물리학자
физикч

미국 америк

오늘 일단의 미국인들이 한국에 도착했다.
Өнөөдөр нэг хэсэг америк хүн Солонгост ирсэн.

나는 영문학을 좋아한다.
Би америкийн уран зохиолд дуртай.

미합중국
Америкийн Нэгдсэн Улс

미래 ирээдүй

그녀는 미래의 행복을 꿈꾸고 있다.
Тэр эмэгтэй ирээдүйд аз жаргалтай байна гэж мөрөөддөг.

역사학부 학생들이 미래의 선생과 학자들이다.
Түүхийн ангийн оюутнууд ирээдүйн багш судлаачид юм.

미소 инээмсэглэл

그녀는 만면에 미소를 머금은 채 말한다.
Тэр эмэгтэй нүүр дүүрэн инээмсэглэсээр хэлэв.

그녀는 아주 상냥한 미소를 짓는다.
Тэр эмэгтэй их сайхан инээмсэглэдэг.

미소짓다 инээмсэглэх

보세요, 저기 그가 편지를 읽으며 웃고 있지요.
Хардаа, тэр тэнд захиа уншингаа инээмсэглэж байна.

그녀는 웃지도 않았다.
Тэр эмэгтэй инээмсэглэсэн ч үгүй.

미술가 уран бүтээлч

한국미술협회는 서울에서 현대 화가전을 준비하고 있다.
Солонгосын уран бүтээлчдийн нийгэмлэг Сөүлд орчин үеийн уран бүтээлчдийн үзэсгэлэн нээхээр бэлтгэж байгаа.

미술전람회
уран бүтээлийн үзэсгэлэн

민족 үндэстэн, ардт үмэн

국민경제계획
ард түмний эдийн засгийн төлөвлөгөө

민족은 사회가 역사적으로 발전한 결과이다.
Үндэстэн нь нийгмийн түүхэн хөгжлийн үр дүнд бий болсон.

미국에는 다양한 민족들이 살고 있다.
Америкт олон үндэстэн амьдардаг.

민주적 ардчилсан

민주적 중앙집권제, 민주개혁
ардчилсан төрийн эрх барих систем, ардчилсан шинэчлэл

시민들은 스스로의 민주적 권리를 행사할 수 있다.
Ард түмэн өөрсдөө ардчилсан эрхээ хэрэгжүүлэх боломжтой.

민주주의 ардчилал, ардчилсан үзэл суртал

당내 민주주의
намын доторх ардчилал

이것이 민주주의 원칙이다.
Энэ бол ардчиллын зарчим.

믿다 итгэх

나는 당신을 믿습니다.
Би танд итгэж байна.

우리는 승리를 확신한다.
Бид ялна гэдэгтээ итгэлтэй байна.

믿음 итгэл

그는 어렵게 살았지만 인간에 대한 믿음이 있다.
Тэр хэцүү үамьдралтай боловч хүнд итгэдэг.

신뢰하는 사람
итгэлтэй хүн

밀 улаан буудай

우리는 밀 농사 풍년을 일구었다.
Бид улаан буудайн арвин ургац авсан.

밀가루
улаан буудайн гурил

밑에 доор

우리는 커다란 나무 아래에 앉았다.
Бид том модны доор суусан.

그녀는 그의 영향력 하에 있다.
Тэр эмэгтэй түүний нөлөөн доор байдаг.

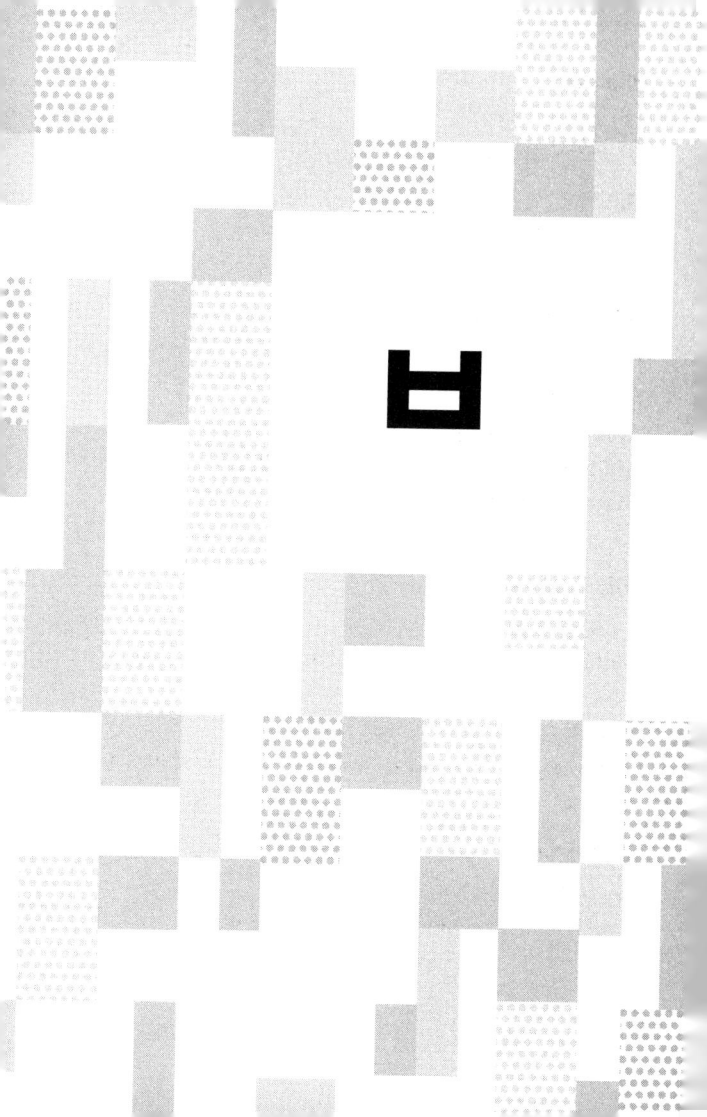

바늘 зүү

바늘 가는데 실 간다.
Утас зүүгээ дагадаг.

직울바늘
нэхмэлийн зүү

바다 тэнгис, далай

바다는 적막했다.
Далай чимээгүй намуухан байлаа.

우리 나라는 3면에 바다를 끼고 있다.
Манай улс гурван талаараа далайгаар хүрээлэгдсэн.

바다의 далайн

해수욕, 해양국, 해양자원
далайн усанд орох, далайн эргийн улс, далайн баялаг

당신에게는 바다 공기가 좋을 것이다.
Танд далайн агаар,уур амьсгал сайн таарах байх.

바닥 ёроол

그는 강바닥에서 돌을 주웠다.
Тэр голын ёроолоос чулуу шүүрсэн.

컵 바닥에 설탕이 남았다.
Аяганы ёроолд элсэн чихэр үлдсэн.

바라다 хүсэх

당신의 건강과 행복 그리고 성공을 기원합니다.
Танд аз жаргал, эрүүл энх, амжилт бүтээлийг хүсье.

우리 모두는 당신이 속히 돌아오시길 바라고 있습니다.
Бид бүгд таныг түргэн буцаж ирээсэй гэж хүсч байна.

바라보다 харах, ширтэх

그녀는 나를 보고 있다.
Тэр эмэгтэй над руу харж байна.

그는 오랫동안 창밖을 내다 보았다.
Тэрээр цонхоор удаан ширтсэн.

바람 салхи

갑자기 강풍이 몰아쳤다.
Гэнэт хүчтэй салхи салхилсан.

태풍
хар салхи

바로 шууд, яг

이 분이 바로 그 사람입니다.
Энэ яг нөгөө хүн чинь.

이 일은 다른 사람 아닌 바로 그 사람이했다.
Үүнийг өөр хүн биш яг тэр нэг хүн хийсэн.

이것이 바로 우리가 이야기했던 바로 그 책이다.
Энэ чинь л бидний яриад байсан яг тэр ном байна.

빠른 хурдан, түргэн

그는 빠른 걸음으로 복도를 지나갔다.
Тэр хонгилоор хурдан алхаж өнгөрсөн.

이것이 농업의 급속한 발전을 저해하고 있다.
Энэ нь газар тариалангийн салбарын хөгжлийн хурдыг саарууулж байна.

바보 тэнэг, мангар

그는 바보가 아니다.
Тэр тэнэг биш.

바보 같은 소리.
Тэнэг юм ярих хэрэггүй.

바이올린 хийл

그녀는 바이올린 연주를 잘 한다.
Тэр эмэгтэй хийл сайн тоглодог.

그는 5살부터 바이올린을 배웠다.
Тэр таван настайгаасаа хийл сурсан.

바퀴 дугуй

자동차는 4륜이다.
Машин дөрвөн дугуйтай.

기차 바퀴소리가 들렸다.
Галт тэрэгний дугуйн чимээ сонсогдсон.

박물관 музей

역사 박물관
түүхийн музей

오늘 박물관은 문을 닫는다.
Өнөөдөр музей ажиллахгүй.

박사 доктор, эмч

빨리 의사를 불러야 합니다.
Эмч хурдан дуудах хэрэгтэй.

그는 최근에 물리학박사가 되었다.
Тэр саяхан физикийн ухааны доктор болсон.

박수 алга ташилт

박수 갈채를 받으며
алга ташилтаар

청중은 오랫동안 배우들에게 박수를 보냈다.
Үзэгчид удтал алга ташсан.

반대하다 эсэргүүцэх

나는 이 제안에 반대하고 싶다.
Би энэ саналыг эсэргүүцмээр байна.

병에 저항할 수 있는 능력이 있다.
Өвчнийг эсэргүүцэх чадвартай.

반대로 эсрэгээр

그는 사사건건 거꾸로 행한다.
Тэр бүх зүйлийг эсрэгээр хийдэг.

그는 모든 것을 거꾸로 해석한다.
Тэр бүх зүйлийг эсрэгээр тайлбарладаг.

반드시 заавал

그는 꼭 온다.
Тэр заавал ирнэ.

반드시 당신에게 편지를 쓰겠습니다.
Танд заавал захиа бичнэ.

반복하다 давтах, дахих

시험에 대비해 그는 교과서를 처음부터 복습했다.
Тэр шалгалтанд бэлдэн сурах бичгээ эхнээс нь уншиж давтсан.

노파는 똑같은 말을 되풀이하고 있다.
Хөгшин нэг л үгээ дахин давтсаар байна.

반지 бөгж

약혼반지, 결혼반지
сүйн бөгж, хуримын бөгж

그녀는 금반지를 끼고 있다.
Тэр эмэгтэй алтан бөгж зүүсэн байна.

받다 авах

여기서 국제 우편을 접수합니까?
Энд олон улсын шуудан хүлээж авдаг уу?

그를 서클 회원으로 받아들이지 마시오.
Түүнийг дугуйландаа бүү аваарай.

발명 нээлт

학자들은 과학에서 새로운 발명을 한다.
Эрдэмтэд шинжлэх ухаанд шинэ нээлт хийв.

발전 хөгжил

한국의 경제발전에 있어서 농업은 중요한 역할을 하고 있다.
Солонгосын эдийн засгийн хөгжилд газар тариалан чухал үүрэгтэй.

최근 수년간 그들의 중공업이 급속히 발전하고 있다.
Ойрын хэдэн жилд тэдний хүнд үйлдвэрлэл хурдацтай хөгжиж байна.

발표하다 илтгэх, тайлан тавих

일년 동안 했던 업무를 발표했다.
Нэг жил хийсэн ажлынхаа тайланг тавив.

그 사람은 적극적으로 발표한다.
Тэр хүн илтгэлээ маш идэвхитэй тавьдаг.

밝은 гэрэлтэй, гэгээтэй

밝은미래, 밝은표정
гэрэл гэгээтэй ирээдүй, гэгээтэй царай

그 사람은 밝은 색상의 옷을 좋아한다.
Тэр хүн гэгээтэй өнгийн хувцсанд дуртай.

밤 шөнө

밤새 비가 왔다.
Шөнөжин бороо орсон.

밤에 환자는 잠을 잘 못 잤다.
Өвчтөн шөнө унтаж чадсангүй.

밤의 шөнийн

야간열차, 잠옷
шөнийн галт тэрэг, унтлагын хувцас

나는 야간 열차로 떠나겠다.
Би шөнийн галт тэргээр явна.

방 өрөө

아버지는 지금 방에 계신다.
Аав одоо өрөөндөө байгаа.

실내 온도
өрөөний доторх хэм

빵 талх

방금 구워 낸 빵
дөнгөж барьсан талх

빵 주세요.
Талх өгнө үү.

방문 айлчлал

한국 외무장관이 몽골을 공식 방문했다.
Солонгосын Гадаад хэргийн сайд Монголд албан ёсоор айлчлал хийв.

국가 원수의 방문
төрийн тэргүүний айлчлал

방법 арга

그는 여러 방법으로 이 문제를 해결했다.
Тэр янз бүрийн аргаар энэ асуудлыг шийдсэн.

우리는 새로운 몽골어 교수법에 따라 공부하고 있다.
Бид монгол хэлний шинэ заах аргаар сурч байгаа.

방안 арга төлөвлөгөө, чиглэл

조국 통일 방안
улс орныг нэгтгэх төлөвлөгөө

연구방안
судалгааны чиглэл

방어 хамгаалалт

방어 태세
хамгаалах, бэлэн байдал

전쟁으로부터 방어하다
дайнаас хамгаалах

방울 дусал

군인이 마지막 피 한방울까지 싸웠다.
Цэрэг эцсийн дусал цусаа дуустал байлдав.

비가 굵은 방울이 되어 내렸다.
Бороо газарт дусал болон буув.

방학 амралт

겨울방학, 여름방학
өвлийн амралт, зуны амралт

지금 학생들은 여름방학이다.
Одоо сурагчдын зуны амралт болох гэж байна.

방해 саад, тотгор

그에게는 어떠한 장애물도 없다.
Түүнд ямар ч саад болох зүйл байхгүй.

라디오 때문에 나는 공부하기가 어려웠다.
Хичээл хийхэд радио саад болж байна.

내가 당신에게 방해가 되지 않았지요?
Би танд саад болоогүй биз?

방향 чиглэл

바다를 향하여, 반대 방향으로, 문학조류
далай руу чиглэн, эсрэг чиглэл рүү, уран зохиолын чиглэл хандлага урсгал

바람의 방향
салхины чиглэл

배 завь, усан онгоц

나는 배 표를 샀다.
Би усан онгоцны билет худалдаж авсан.

배가 기슭으로 다가갔다.
Завь голын эрэг рүү ойртож очсон.

배 хэвлий, гэдэс

배부른, 배고픈
гэдэс цатгалан, өлсгөлөн

자궁
эхийн хэвлий

배 лийр

정원에 커다란 배나무가 자라고 있다.
Цэцэрлэгт том лийрийн мод ургадаг.

배당 ноогдол, хувь

배당수익
ноогдол ашиг

배당공급자
хувь нийлүүлэгч

배당지원
хувь нэмэр

배우 жүжигчин

이 사람은 주연 배우이다.
Энэ хүн гол дүрийн жүжигчин.

유명한 배우
алдартай жүжигчин

배우다 сурах

당신은 어디서 몽골말을 그렇게 잘 배웠습니까?
Та монгол хэлийг яаж ингэж сайн сурсан юм бэ?

그녀는 학교에 다니기 때문에 아직 일은 하지 않는다.
Тэр эмэгтэй сургуульд сурдаг учраас одоохондоо ажил хийдэггүй.

100만 сая

이 도시의 주민은 200만이다.
Энэ хот 2 сая хүн амтай.

백만장자
саятан

뺨 хацар

눈물이 아이의 뺨에 흘러내렸다.
Хүүхдийн хацар дээгүүр нулимс урссан

뺨이 붉게 물들다.
Хацраа улаанаар будах.

버스 автобус

나는 가끔 버스를 탄다.
Би хаая аавтобусанд суудаг.

운동장에서 전철까지 버스가 다닌다.
Талбайгаас метро хүртэл автобус явдаг.

번역 орчуулга

통역
аман орчуулга, хэлмэрч

번역을 할 때 그는 사전을 사용한다.
Тэр орчуулга хийхдээ толь бичиг ашигладаг.

번영 хөгжил, цэцэглэлт

국가의 번영
улс орны хөгжил

사회의 번영
нийгмийн хөгжил

번호 дугаар

순위, 다음호
зэрэглэл/дараалал, дараагийн дугаар

당신 전화번호를 말씀해 주세요.
Та утасны дугаараа хэлж өгнө үү.

벌금 торгууль

벌금을 부과하다
торгууль ноогдуулах

벌금을 내다
торгууль төлөх

벌써 аль хэдийн

우리가 왔을 때 이미 그는 떠나고 없었다.
Биднийг ирэхэд тэр аль хэдийн явчихсан байсан.

벌써 일곱 시이에요?
Аль хэдийн долоон цаг болчихсон юмуу?

범죄 гэмт хэрэг

범죄행위
гэмт үйлдэл

범죄자
гэмт хэрэгтэн

법 хууль

그는 새로운 화학 법칙을 발견했다.
Тэр химийн шинэ хууль нээсэн.

법은 사회 경제 제도의 반영이며 정치의 표현 형태 중의 하나이다.
Хууль нь нийгэм эдийн засгийн тусгал бөгөөд улс төрийн илэрхийллийн нэг хэлбэр юм.

뼈 яс

이 생선은 가시가 많다.
Энэ загас яс ихтэй.

골격
араг яс

벽 хана

벽에 커다란 그림이 걸려있다.
Хананд том зураг өлгөөтэй байна.

벽보
ханын зураг

변화 өөрчлөлт

근본적인 변화
үндсэн өөрчлөлт

내가 없는 동안에 도시에는 커다란 변화가 있었다.
Намайг байхгүй байх хооронд хотод том өөрчлөлт гарчээ.

변화시키다 өөрчлөх

세월은 사람을 변하게 한다.
Цаг хугацаа хүнийг өөрчилдөг.

모든것이바뀌었다.
Бүх зүйл өөрчлөгдсөн.

별 од

하늘에 별들이 반짝인다.
Тэнгэрт одод гялалзана.

그녀는 영화스타이다.
Тэр эмэгтэй бол кино од.

병 өвчин

그는 어제 아파서 일을 하지 못했다.
Тэр өчигдөр өвчтэй байсан тул ажлаа хийж чадаагүй.

소아마비
хүүхдийн саа өвчин

병원 эмнэлэг

그는 중앙 소아과 병원 원장이다.
Тэр хүүхдийн төв эмнэлгийн захирал хийдэг.

감기라도 일찍 병원에 가는 것이 좋아요.
Ханиад ч гэсэн эртхэн эмнэлэг явах хэрэгтэй.

베개 дэр

그녀는 환자 머리 밑에 새 베개를 받쳐주었다.
Тэр эмэгтэй өвчтөний толгой доор нэг шинэ дэр ивж өгсөн.

깃털베개는 여름에 하면 많이 더워요.
Өдөн дэр зун дэрлэвэл халуудна.

보건 эрүүлийг хамгаалах

보건부
Эрүүлийг хамгаалах яам

세계보건기구
Дэлхийн эрүүлийг хамгаалах байгууллага

보고 илтгэл, тайлан

그는 흥미를 끄는 보고를 했다.
Тэр сонирхол татсан илтгэл тавьсан.

그는 보고서를 가지고 소장에게 갔다.
Тэр тайлангаа авч даргадаа очсон.

보급 хангамж, хангалт

사회보급
нийгмийн хангамж

프로그램보급
программ хангамж

보내다 илгээх

나는 시골에 계신 부모님께 엽서를 보냈다.
Би хөдөө байгаа аав ээждээ ил захидал илгээсэн.

나는 집에 편지를 보냈다.
Би гэр лүүгээ захиа бичиж илгээсэн.

보다 харах

이 곳에서는 도시가 잘 보인다.
Эндээс хот сайн харагддаг.

나는 자세히 쳐다보고 있지만 아무것도 보이지 않는다.
Би нарийн сайн харсан боловч юу ч харагдахгүй байна.

보다나은 илүү сайн, илүү дээр

더 이상 좋은 것을 나는 생각해 낼 수가 없다.
Илүү сайныг би бодож олж чадсангүй.

나는 그보다 책을 덜 읽는다.
Би танаас ном бага уншдаг.

나의 방이 당신 방보다 더 큽니다.
Миний өрөө таны өрөөнөөс том.

보도 мэдээ, мэдэгдэл

내일 날씨 뉴스를 들었나요?
Маргаашийн цаг агаарын мэдээ сонссон уу?

나는 그가 죽었다는 연락을 받았다.
Би түүнийг нас барсан гэсэн мэдээ авлаа.

그는 어제 신문보도를 보고 몽골로 전화를 했다.
Тэр өчигдөрийн сонины мэдээг хараад монгол руу ярьсан.

최신보도
сүүлийн үеийн мэдээ

보드카 архи

나는 보드카 1병을 다 마셔버렸다.
Нэг шил архийг дуустал ууж орхисон.

빈속에 술먹는 것이 몸에 해롭습니다.
Юм идэлгүй архи уух биед муу.

보석 эрдэнэс, үнэт эдлэл

나는 보석을 사고 싶다.
Би үнэт эдлэл авмаар байна.

보석상자
эрдэнийн чулууны хайрцаг

보수적 хуучинсаг

보수와 진보의 투쟁
хуучин шинийн зөрчил

보수주의
хуучинсаг үзэл

보여주다 харуулах, үзүүлэх

모임이 끝난 뒤 영화가 상영되었다.
Цуглаан дууссаны дараа кино үзүүлсэн.

그는 자신이 훌륭한 화가임을 보여주었다.
Тэр өөрийгөө аугаа зураач гэдгээ харуулсан.

보이다 харагдах

그녀는 행복해 보인다.
Тэр эмэгтэй жаргалтай харагдсан.

그는 실제 나이보다 어려보인다.
Тэр наснаасаа залуу харагддаг.

보장하다 батлах, хангах

보장, 공고한 평화보장
хадгалах хангах, энх тайвныг батлан хамгаалах

상호안전조약을 보장했다.
Харилцан аюулгүйн байдлын хэлэлцээрийг баталсан.

보충하다 нөхөх, нэмжхийх

커피에 설탕을 더 타주세요.
Кофенд элсэн чихэр нэмээд өгнө үү.

모든 것이 명백하니 더 보충할 것이 없다.
Бүх зүйл тодорхой тул нэмж хэлэх юм алга.

보통 жирийн, энгийн

보통 때와 마찬가지로
жирийн үетэй адилаар

일상적인 현상, 재래식 무기
энгийн үзэгдэл, уламжлалт хэвшсэн зэвсэг

보트 завь

모터보트, 원자력 잠수함
моторт завь, цөмийн хөдөлгүүртэй шумбагч онгоц

그들은 보트를 타고 고기를 잡았다.
Тэд завинд суун загасчилсан.

보험 даатгал

사회보험, 건강보험
нийгмийн даатгал, эрүүл мэндийн даатгал

긴급사고보험, 재산보험
гэнэтийн ослын даатгал, эд хөрөнгийн даатгал

복도 хонгил

복도에는 아무도 없다.
Хонгилд хэн ч байхгүй байна.

건물의 복도
байшингийн хонгил

복사 хувилах, хувилбар, хуулбар

복사기
хувилах машин

글을 복사하다
бичиг хувилах

복잡한 төвөгтэй

복잡한 환경
төвөгтэй орчин

이것은 복잡한 문제이다.
Энэ төвөгтэй асуудал.

본질 үндсэн, мөн чанар

나는 문제의 본질을 파악하는데 적지 않는 노력이 들었다.
Асуудлын мөн чанарыг олоход надад багагүй хичээл зүтгэл шаардагдсан.

그녀는 문제의 본질을 이해못한다.
Тэр эмэгтэй асуудлын мөн чанарыг ойлгож чаддаггүй.

봄 хавар

겨울이 지나고 봄이 온다.
Өвөл өнгөрч хавар ирнэ.

나는 봄에 당신 집에 가겠습니다.
Би хавар танайхаар очно.

봉투 дугтуй

그녀는 편지를 써서 봉투에 넣었다.
Тэр эмэгтэй захиа бичээд дугтуйд

봉투 안에 들어 있는 돈
дугтуйтай мөнгө

부 яам

내무부, 교육부
Дотоод явдлын яам, Боловсролын яам

그는 노동부에 근무하고 있다.
Тэр Хөдөлмөрийн яаманд ажилладаг.

부끄럽다 ичгүүртэй

부끄럽게도
ичгүүртэй

부끄러운일, 창피한일
ичгүүртэй явдал

부근에 ойр орчим, ойр хавь

우리 주위에 구경꾼들이 몰려들었다.
Бидний ойр хавьд хүмүүс цугларч эхэлсэн.

우리는 이 부근에 약 5km를 걸었다.
Бид 5 километр орчим алхсан.

부드러운 зөөлөн

경쾌한 동작, 온순한 성격
цовоо хөнгөн хөдөлгөөн, зөөлөн ааш зан

이 베개는 아주 푹신하다.
Энэ дэр их зөөлөн.

부락 тосгон

역 주변에 새로운 마을이 생겨났다.
Галт тэрэгний буудлын ойролцоо шинэ тосгон бий болсон.

마을에서 살았다.
Тосгонд амьдардаг байсан.

(~라고) 부르다 гэж дуудах гэж нэрлэх

그들은 아들을 다와자르갈이라고 이름지었다.
Тэд хүүдээ Даваажаргал гэдэг нэр өгсөн.

부모님께서 이름을 지어주시다.
Дуудах нэрийг эцэг эх нь өгдөг.

부르다 дуудах, дуудагдах

그는 박사라고 불리운다.
Түүнийг доктор гэж дууддаг.

나를 무기라고 불러주세요.
Намайг Мөөгий гэж дуудаж байгаарай.

부르주아 хөрөнгөтөн

부르주아가 생산수단을 소유하고 있다.
Хөрөнгөтөн үйлдвэрлэлийн хэрэгслийг эзэмшдэг.

부르주아 계층은 19세기에 태동되었다.
Хөрөнгөтний нийгэм 19 дүгээр зуунд шинж төлөв илэрсэн.

부모 эцэг эх

그의 부모는 아직 생존해 계시다.
Түүний эцэг эх амьд сэрүүн байгаа.

내 친구의 부모님은 아주 좋으신 분들이다.
Миний найзын эцэг эх их сайн хүмүүс.

부인 эхнэр

김박사 부인이 봉사 활동을 많이 합니다.
Ким докторын эхнэр сайн дурын ажилд их оролцдог.

아내를 맞다, 결혼하다
эхнэр авах

부지런한 ажилсаг

부지런한 사람
ажилсаг хүн

그의 아내는 부지런해요.
Түүний эхнэр ажилсаг.

부정 үгүйсгэх

이 사실은 부정할 수 없다.
Үүнийг үгүйсгэх аргагүй.

소문을 부정해요.
Цуу яриаг няцаагаарай.

부탁 хүсэлт, гуйлт

그녀는 우리에게 여러 가지 부탁을 자주 했다.
Тэр эмэгтэй биднээс янз бүрийн зүйл байнга гуйдаг.

당신께 큰 부탁이 있어요.
Танаас гуйх том гуйлт байна.

~부터 –аас⁴

기선이 해안에서 멀어져 갔다.
Усан онгоц эргээс холдон явж байна.

집에서 직장까지 가깝다.
Гэрээс ажил хүртэл ойрхон.

나는 몽골 친구에게서 편지를 받았다.
Би монгол найзаасаа захиа авсан.

북쪽 хойд зүг, умард

이 도시는 울란바타르 북쪽에 있다.
Энэ хот Улаанбаатараас хойд зүгт байдаг.

배가 북진하고 있다.
Завь хойд зүгийг чиглэн явж байна.

분 минут

시시각각
цаг минут тутамд

이 역에서 열차는 10분간 정차한다.
Энэ зогсоол дээр галт тэрэг 10 минут зогсоно.

분명하게 ил, тодорхой, тод

천천히 그리고 분명히 말하시오.
Удаан бас тодорхой хэлнэ үү.

그가 오지 않을 것이 분명해졌다.
Тэр ирэхгүй нь тодорхой болсон.

분석 задлан шинжилгээ

이 책에서 우리는 사건을 분석했다.
Энэ номноос бид асуудлыг задлан шинжилсэн.

의사는 환자의 혈액 검사를 다시 하도록 했다.
Эмч өвчтөнөөс дахин цусны шинжилгээ авахуулсан.

분야 салбар

우리는 국민 경제의 모든 분야에서 발전을 기대하고 있다.
Бид ард түмний эдийн засгийн бүх салбарын хөгжилд найдаж байна.

이 분야에서 커다란 진보가 이루어졌다.
Энэ салбарт том дэвшил гарсан.

분위기 уур амьсгал

우호적인 분위기 속에서
нөхөрсөг уур амьсгалаар

몽골은 대륙의 변덕스러운 날씨를 갖고 있다.
Монгол орон эх газрын эрс тэс уур амьсгалтай.

분자 бөөм, молекул

분자는 원자로 구성된다.
Молекул цөмөөс тогтдог.

적혈구
цусны улаан бөөм

분쟁 маргаан

영토 분쟁, 분쟁이 있는 문제
нутаг дэвсгэрийн маргаан, маргаантай асуудал

양자 간에 분쟁이 일어났다.
Хоёр талын хооронд маргаан дэгдэв.

불 гал

그는 서류를 불속에 던졌다.
Тэр бичгийг гал руу шидсэн.

모닥불
түүдэг гал

붉은 улаан

나에게 빨간 연필을 주세요.
Надад улаан харандаа өгөөч.

붉은기, 붉은광장, 적십자사, 고추
улаан өнгө/улаавтар, улаан талбай, улаан загалмай, улаан чинжүү

비 бороо

아침 내내 비가 왔다.
Өглөө үргэлжлэн бороо орсоор л байсан.

밖에는 부슬부슬 가을비가 내리고 있다.
Гадаа намрын бороо шивэрч байна.

비결 нууц

성공의 비결
амжилтын нууц

사적 비밀
хувийн нууц

비교 харьцуулал

돼지고기는 소고기에 비해 상당히 싸다.
Гахайн махыг үхрийн махтай харьцуулахад илүү хямд.

비교 연구 방법, 비교 언어학
харьцуулан судлах арга, харьцуулсан/ зэрэгцүүлсэн хэл шинжлэл

비누 саван

화장비누, 세탁비누
нүүр гарын саван, барааны саван

그의 온 뺨은 비누 투성이었다.
Түүний хацар дүүрэн савангийн хөөс болсон байлаа.

비단 торго

비단옷
торгон хувцас

실크로드
торгоны зам

비밀 нууц

나는 너에게 아무런 비밀이 없다.
Би чамаас юу ч нуудаггүй.

비밀 요원, 비밀 결사
нууц ажилтан, нууц эвлэл

비슷하게 төстэй, адилаар

그와 마찬가지로
түүний адилаар

나는 내개와 비슷한 개를 보았다.
Би нохойтойгоо төстэй нохой харсан.

비판 шүүмжлэл

신문은 시의 교통 업무를 비판하고 있다.
Сонинд хотын тээврийг шүүмжилсэн байна.

토의
санал шүүмжлэл

비행기 онгоц

수송기
тээврийн онгоц

비행사, 비행장
нисгэгч, онгоцны нислэгийн талбай

비행하다 нисэх

새들은 북쪽으로 날아간다.
Шувууд хойд зүг рүү нисэн одно.

비행기가 부산으로 날아가고 있다.
Онгоц Бүсан хот руу нисч байна.

빈 хоосон

우리들은 너무 일찍 와서 홀이 아직 텅텅 비어 있었다.
Бид хэтэрхий эрт ирсэн тул танхим хоосон байлаа.

물 담을 빈 그릇이 있나요?
Ус хийх хоосон сав байна уу?

빛 гэрэл гэгээ, туяа

햇빛이 눈 위로 내리쬐인다.
Нарны гэрэл нүдэн дээр тусна.

달빛이 비칠 때, 자유의빛
сарны туяа тусахад, эрх чөлөөний гэгээ

전등 불빛이 그녀의 머리를 바로 비쳤다.
Тэр эмэгтэйн толгой дээр гэрэл туссан.

人

사과 алим

눈알, 불화의 씨앗
нүдний алим, хэрүүлийн алим

그녀는 사과 1상자를 샀다.
Тэр эмэгтэй 1 хайрцаг алим худалдаж авсан.

사냥 анав

사냥개
анч нохой

그는 훌륭한 사냥꾼이었다.
Тэрээр сайн анчин байсан.

사다 худалдаж авах

그녀는 자기 가방을 샀다.
Тэр эмэгтэй өөртөө цүнх худалдаж авсан.

건강은 돈으로 사지 못한다.
Эрүүл мэндийг мөнгөөр худалдан авч чадахгүй.

사라지다 алга болох

내 모자가 없어졌다.
Миний малгай алга болчихсон.

그는 군중 속으로 모습을 감추었다.
Тэр олон хүн дотор ороод алга болсон.

사람 хүн

실무자, 참된사람
ажлын хэсэг, зөв хүн

그는 아주 좋은 사람이다.
Тэр их сайн хүн.

저명 인사들, 가난한 사람들
алдартай хүмүүс, ядуус

사랑 хайр

그는 연애 결혼했다.
Тэрээр хайраар гэрлэсэн.

나는 당신을 사랑합니다.
Би танд хайртай.

정신적사랑, 조국애, 모성애, 부부애, 첫사랑
оюун санааны хайр, эх орноо хайрлах хайр, эхийн хайр, эхнэр нөхрийн хайр, анхны хайр

사무국 албан хэлтэс

사무국 멤버는 5명이다.
Хэлтэс таван хүнтэй.

그는 관상대에서 근무한다.
Тэрээр цаг уурын мэдээллийн албанд ажилладаг.

사무국 албан хаагч

그는 근로자가 아니라 사무원이다.
Тэр ажилчин биш, албан хаагч.

공무원
төрийн албан хаагч

사상 үзэл санаа, сэтгэлгээ

인간의 사상은 인간의 실제 경험을 바탕으로 싹튼다.
Хүний үзэл санаа нь бодит туршлага дээр үндэслэдэг.

이 소설의 근본 사상은 무엇인가요?
Энэ өгүүллэгийн үндсэн үзэл санаа нь юу вэ?

그는 사상을 자유롭게 표현한다.
Тэр үзэл бодлоо чөлөөтэй илэрхийлдэг.

사슬 гинж

산맥, 연속적인 사건, 줄지어
уул нуруу, үргэлжилсэн үйл явдал, үргэлжлэн / цуварсан

개가 사슬에 묶여 있다.
Нохой уяатай байна.

나는 어제 황금 사슬을 샀다.
Би өчигдөр алтан гинж авсан.

사실 үнэн

이것은 역사적인 사실이다.
Энэ бол түүхэн үнэн.

그 사람이 아프다는 것은 사실이다.
Тэр хүн өвдсөн нь үнэн.

확실한 사실
туйлын үнэн, бодит үнэн

40 дөч

나는 40kg의 물건을 나르는게 힘겹다.
Надад 40 килограмм жинтэй зүйлийг зөөх нь хэцүү ажил байна.

40년대
дөчөөд он

싸우다 тэмцэх

우리는 보다 나은 미래를 위해 싸우고 있다.
Бид илүү сайн сайхан ирээдүйн төлөө тэмцэж байна.

우리는 최후의 한 사람까지 싸울 것이다.
Бид эцсээ хүртэл тэмцэх болно.

사이에 хоорond

나는 2-3시사이에 돌아오겠다.
Би 2-3 цагийн хоорond буцаж ирнэ.

이 문제에 대해서 학자들 사이에 논란이 있었다.
Энэ асуудлын талаар эрдэмтдийн хоорond маргаантай байсан.

사전 толь бичиг

백과사전, 주석사전
нэвтэрхий толь, тайлбар толь

나는 사전에서 이 단어를 찾을 수가 없었다.
Би толь бичгээс энэ үгийг олж чадаагүй.

사진 зураг

나는 여기서 사진 몇 장을 찍었으면 한다.
Би энд хэдэн зураг дармаар байна.

나는 이 사진들을 내 사진기로 찍었다.
Би энэ зургуудыг өөрийнхөө аппаратаар дарсан.

앨범
зургийн цомог

사회 нийгэм

그들은 사회 발전을 위해 노력했다.
Тэд нийгмийн хөгжлийн төлөө зүтгэсэн.

그는 한–일 협회 회원이다.
Тэрээр Солонгос-Японы нийгэмлэгийн гишүүн.

사회적 **нийгмийн**

사회제도, 사회과학, 사회적신분, 사회보장
нийгмийн байгуулал, нийгмийн шинжлэх ухаан, нийгмийн байр суурь, нийгмийн хангамж

사회단체, 공동재산, 공공건물
олон нийтийн нийгэмлэг, нийтийн өмч, нийтийн барилга

사회기관, 사회적관계
нийгмийн байгуулал, нийгмийн харилцаа

산 **уул**

높은 산이 보인다.
Өндөр уул харагдана.

그들은 산지에서 생활한다.
Тэд ууланд амьдардаг.

산수 **тоо, арифметик**

산수는 수에 관한 학문이다.
Арифметик нь тооны шинжлэх ухаан.

고등수학
дээд тоо

산업 aж үйлдвэр

산업혁명
аж үйлдвэрийн хувьсгал

산업이 발달한 국가
аж үйлдвэр хөгжсөн орон

산의 уулын

산꼭대기는 구름으로 가려져 있다.
Уулын орой үүлэнд халхлагдсан байна.

그는 광산 기사이다.
Тэр уул уурхайн инженер.

산책하다 зугаалах, салхилах

나는 공원으로 산책하러 간다.
Би цэцэрлэгт зугаалахаар явна.

바람이 불고 산책하러 가는게 좋은 일이다.
Салхи салхилаад зугаалахаар явахад сайхан өдөр байна.

쌀 цагаан будаа

일본 인은 생선과 쌀을 자주 먹는다.
Япон хүмүүс загас, цагаан будаа байнга иддэг.

논. 논을 갈다
тутраган тариг, тутраган тариг хагалах

살다 амьдрах

내 누이는 부산에서 산다.
Миний эгч, Пусанд амьдардаг.

잘 살다, 잘 지내다
сайхан амьдрах, сайн байх

살아있는 амьд

그는 힘들게 살았습니다.
Тэр хэцүүхэн амьдарч байсан.

여기에 살아 있는 동물이 있어요?
Энд амьд амьтан байна уу?

삼림 ой

산불, 임업
ойн түймэр, ойн аж ахуй

우리는 숲속의 길을 따라갔다.
Бид ой доторх зам даган явсан.

3월 гурван сар, гуравдугаар сар

3월 초까지는 스키를 탈 수 있었지만 3월 말에는 날씨가 아주 따뜻해졌다.
3 дугаар сарын эх гэхэд цанаар гулгаж болохоор байсан ч сарын сүүлээр цаг агаар их дулаарсан.

3월에는 가끔 눈이 온다.
Гуравдугаар сард хаяая цас ордог.

삼촌 авга, авга ах/нагац, нагац ах

나는 당신 삼촌과 아는 사이입니다.
Би танай авга ахтай танил.

그는 나의 외삼촌이다.
Тэр миний нагац ах.

상담 зөвлөгөө

법률 상담
хуулийн зөвлөгөө

의사와의 상담
эмчийн зөвлөгөө

상기시키다 сануулах

이 사진은 나를 추억에 상기시킨다.
Энэ зураг миний дурсамжийг санагдуулсан.

나는 그녀만 보면 어머니 생각이 난다.
Би тэр эмэгтэйг харахаар л ээжийгээ санадаг.

나는 잘 잊어버리는 사람이니까 나에게 상기시켜줘.
Би их мартдаг хүн шүү, надад сануулаарай.

상점 дэлгүүр, худалдааны газар

백화점, 서점
их дэлгүүр, номын дэлгүүр

어떤 상점에서 이 넥타이를 사셨습니까?
Энэ зангиаг аль дэлгүүрээс авсан бэ?

상품 бараа бүтээгдэхүүн

상품가격
бүтээгдэхүүний үнэ

상점에는 여러 종류의 상품들이 많이 있다.
Дэлгүүрт төрөл бүрийн бараа их байна.

상품 유통
барааны эргэлт

상태 байдал, нөхцөл байдал

국가 경제 상황, 전쟁 상태, 정신 상태, 고체 상태, 액체 상태
улс орны эдийн засгийн байдал, дайны нөхцөл, сэтгэл санааны байдал, хатуу биет, хатуу байдал, шингэн байдал

일이 잘되어 갑니까?
Ажил сайн явж байна уу?

상호 харилцан

상호방문하다
харилцан айлчлах

서로도와주다
харилцан туслах

상황 нөхцөл байдал, нөхцөл

사태, 그러한 상황에서, 가정 형편에 따라서
нөхцөл байдал, тийм нөхцөлд, гэр бүлийн байдлаас шалтгаалан

사태, 전시 상태

нөхцөл байдал, дайны үеийн байдал

노동 상황
хөдөлмөрийн нөхцөл

새 шувуу

철새
нүүдлийн шувуу

새가 남쪽으로 날아간다.
Шувуу өмнө зүг рүү нисч одно.

새로운 шинэ

햇감자, 근세사, 신·구의투쟁
шинэ ургацын төмс, орчин үеийн шинэ түүх, хуучин шинийн хоорондын тэмцэл/зөрчилдөөн

새로운 기술
шинэ техник

새벽 үүр, өглөө

새벽 이슬
өглөөний шүүдэр

새벽이 되다
үүр цайх

새해 шинэ он

새해 복 많이 받으세요!
Шинэ оны мэнд хүргэе!

새해에 좋은 일이 많이 있기를 바랍니다.
Шинэ онд сайхан зүйл олон тохиолдох болтугай!

(내) 생각에는 миний бодлоор

내 생각으로는 네가 아니라 그가 옳은 것 같다.
Миний бодлоор, чиний биш харин түүний зөв юм шиг байна.

그는 한 가지 재미있는 생각을 나에게 가르쳐 주었다.
Тэр надад нэг сонирхолтой санаа хэллээ.

나는 여기에 대해 생각조차 가져보지 않았다.
Би энэ талаар бодож ч үзээгүй юм байна.

새 өнгө

나는 밝은 색을 좋아한다.
Би цайвар өнгөнд дуртай.

색연필을 사줘.
Өнгийн харандаа авч өгөөч.

생각된다 бодогдох, бодол төрөх

나는 가끔 그녀가 나를 사랑하지 않는다는 생각이 든다.
Тэр эмэгтэй надад хайргүй юм болов уу гэсэн бодол хааяа надад төрдөг.

항상 나의 엄마 생각이 난다.
Ээж минь үргэлж бодогдох юм.

생각하다 бодох, санах

무엇을 생각하고 계십니까?
Юу бодож байна вэ?

그가 곧 돌아오리라 생각한다.
Түүнийг буцаж ирнэ гэж бодож байна.

그는 미국에 가려고 생각하고 있었다.
Тэр америк руу явах санаатай байсан.

생선 загас

그는 생선1kg을 샀다.
Тэр нэг килограмм загас худалдаж авсан.

그는 고기 미끼를 샀다.
Тэр загасны өгөөш худалдаж авсан.

생각해내다 бодож олох

나는 다른 해결책을 생각해낼 수 없었다.
Би өөр шийдэх арга бодож олж чадсангүй.

아이는 새로운 놀이를 생각해냈다.
Хүүхэд шинэ тоглоом бодож олсон.

생명 амь, амьд биет

달에는 생명체가 없다.
Саран дээр амьд биет байхгүй.

사람이 가진 가장 값진 것은 생명이다.
Хүний хамгийн үнэт зүйл бол амь нас.

생물학 биологи

그는 생물학에 관한 많은 서적을 가지고 있다.
Түүнд биологийн холбогдолтой ном олон бий.

그는 생물학 교수님이다.
Тэр биологийн багш хийдэг.

생산 үйлдвэрлэл

생산비, 생산방식, 미국제 비행기
үйлдвэрлэлийн зардал, үйлдвэрлэлийн хэлбэр, Америкт үйлдвэрлэсэн онгоц

우리 나라는 공작기계 생산이 대폭 증가했다.
Манай улсын тоног төхөөрөмжийн үйлдвэрлэл ихээр нэмэгдсэн.

생산하다 үйлдвэрлэх

우리 공장은 공장기계를 생산한다.
Манай үйлдвэр тоног төхөөрөмж үйлдвэрлэдэг.

새로운 생산품을 생산하다.
Шинэ бүтээгдэхүүн үйлдвэрлэх.

생활 амьдрал

가풍, 새로운 생활 양식
гэр бүлийн уламжлал, амьдралын шинэ хэлбэр

텔레비전이 우리 생활의 일부가 된 것은 이미 오래이다.
Зурагт радио бидний амьдралын нэг хэсэг болоод удаж байна.

국민의 삶이 좋아지고 있다.
Ард түмний амьдрал сайжирч байна.

서기 нарийн бичиг

서기장(사무총장), 개인비서, 국무장관
нарийн бичгийн дарга, хувийн нарийн бичиг, төрийн нарийн бичгийн дарга

그녀는 몽골어 연구소에서 비서로 일하고 있다.
Тэр эмэгтэй монгол хэлний судалгааны хүрээлэнгийн нарийн бичгийн даргын ажил хийдэг.

서다 зогсох

그의 시선이 그 여자에게서 멈추었다.
Түүний харц тэр эмэгтэй дээр тусч зогтуслаа.

자동차가 대문 앞에 멈췄다.
Машин хаалганы өмнө зогссон.

서론 оршил

책의 서론 부분
номны оршил хэсэг

책의 머리말을 적다
номд оршил бичих

서있다 зогсох, зогсож байх

나는 오래 줄을 섰다.
Би дараалалд удаан зогссон.

기차가 오랫동안 서 있다.
Галт тэрэг удаан зогссон.

공장이 가동하지 않는다.
Үйлдвэрийн ажиллагаа зогссон.

그는 문 앞에서 10분쯤 서 있다가 집으로 갔다.
Тэрээр хаалганы өмнө 10минут орчим зогсож байгаад гэр лүүгээ явсан.

선 шугам, зураас

직선, 곡선, 해안선
шулуун шугам, муруй шугам, далайн эргийн шугам

그는 연필로 직선을 그렸다.
Тэр харандаагаар шулуун шугам зурсан.

선 сайн, сайн үйл

진, 선
үнэн, сайн үйл

선행을 하다
сайн үйл хийх

선거 сонгууль

한국 사람은 20세부터 선거권을 행사한다.
Солонгос хүмүүс 20 наснаасаа сонгуульд оролцох эрхтэй болдог.

오늘 전국에서 선거가 일제히 실시되었다.
Өнөөдөр улс даяар нэгэн зэрэг сонгууль болсон.

선박 усан онгоц, хөлөг онгоц

선박들이 출항한다.
Усан онгоц зогсоолоос хөдөлж байна.

조선소
усан онгоцны үйлдвэр

선반 тавиур

책을 선반에 꽂아주세요.
Номыг тавиур дээр тавьж өгнө үү.

당신이 원하는 책은 위에서 두번째칸에 있습니다.
Таны хайж байгаа ном дээрээсээ хоёр дахь тавиур дээр байгаа.

선생 багш

선생은 자기 학생 모두의 성을 알고 있다.
Багш бүх сурагчийнхаа овгийг мэднэ.

나의 어머니는 선생님이었다.
Миний ээж багш байсан.

선원 далайчин

나의 아버지는 선원이었다.
Миний аав далайчин байсан.

나의 형은 기선의 선원이었다.
Ах маань усан флотын цэрэг байсан.

선택 сонголт

당신은 선택을 잘 했습니다.
Та зөв сайн сонгосон байна.

이 중에서 선택하세요.
Энэ дундаас сонголтоо хийнэ үү.

설립 байгуулалт

공화국 창설, 아무 근거 없이
Бүгд найрамдах улс байгуулал,
ямар ч үндэслэлгүй

당신은 이 대학이 언제 설립되었는지 기억하십니까?
Та энэ дээд сургууль хэзээ байгуулагдсаныг
санаж байна уу?

이 극장의 설립은 도시 문화 생활에 중요한 기여를 했다.
Энэ театрыг байгуулснаар хотын иргэдийн
соёлын амьдралд чухал үүрэг гүйцэтгэх болно.

한국외국어대학교에서 몽골어학과가 2009년에 설립되었다.
Солонгосын Гадаад Судлалын Их Сургуульд
Монгол хэлний тэнхим 2009 онд байгуулагдсан.

설명하다 тайлбарлах

그의 행동을 어떻게 설명해야 하나?
Түүний үйлдлийг яаж тайлбарлах болж байна вэ?

박물관 직원이 전시품을 설명했다.
Музейн ажилчин үзмэрийг тайлбарласан.

설비 тоноглол, тохижилт

공장 설비
үйлдвэрийн тоноглол, тоног төхөөрөмж

공장은 농업 용구를 생산한다.
Газар тариалангийн тоног төхөөрөмж үйлдвэрлэдэг үйлдвэр юм.

섬 арал

그들은 섬에 살고 있다.
Тэд арал дээр амьдардаг.

배에서 녹색의 커다란 섬이 보이기 시작했다.
Усан онгоцон дээрээс том ногоон арал харагдаж эхэллээ.

성 овог

선생들은 학생들을 성으로 부른다.
Багш нар сурагчдыг овгоор нь дууддаг.

러시아에는 여자가 시집을 가면 남편 성을 따른다.
Орост эмэгтэй хүн хүнтэй суувал нөхрийнхөө овгоор овоглох болдог.

성격 зан чанар, зан ааш

고약한 성질, 의지가 강한 사람
муухай ааш, сэтгэлийн хатуужилтай

그녀는 성격이 아주 좋다.
Тэр эмэгтэй ааш зан сайтай.

성공 амжилт

이 계획의 성공은 너에게 달렸다.
Энэ төлөвлөгөө амжилттай биелэх эсэх нь надаас шалтгаална.

성과가 있기를 바란다! Амжилт хүсье!

세계 최대의 성공을 하다.
Дэлхийн дээд амжилт тогтоох.

학술 회의가 성공적으로 진행되었다.
Эрдэм шинжилгээний хурал амжилттай болсон.

성공하다 амжилттай болох

수술은 성공했다.
Мэс засал амжилттай болсон.

우리는 기한 내에 성공적으로 마칠 수 있을 것이다.
Бид хугацаандаа амжиж амжилттай дуусгах болно.

성난 ууртай

그는 성이 나서 책을 책상 위에 집어 던졌다.
Тэр уурлан номыг ширээн дээр шидэж орхисон.

성난 목소리, 성난 얼굴
уурласан юм шиг хоолой, ууртай царай

성냥 чүдэнз

성냥처럼 바싹 마른
чүдэнзний мод шиг нарийхан хатингар

성냥 있습니까?
Чүдэнз байна уу?

성명 мэдэгдэл

공동성명
хамтарсан мэдэгдэл

신문1면에 정부성명이 발표되었다.
Сонины эхний нүүрэнд засгийн газрын мэдэгдэл гарсан.

성실한 үнэнч, найдвартай

일에 대한 진지한 태도
ажилдаа үнэн сэтгэлээс хандах

그는 아주 성실한 청년이다.
Тэр их найдвартай залуу.

성장 өсөлт, хөгжил

인구 증가, 물가 상승
хүн амын өсөлт, үнийн өсөлт

봄과 여름은 식물의 성장기이다.
Хавар, зуны улирал бол ургамлын ид ургах өсөлтийн үе.

세계적 дэлхийн

세계대전, 세계기록, 세계무대
дэлхийн дайн, дэлхийн дээд амжилт, дэлхийн тавцан

한국은 세계경제에서 점점 더 중요한 역할을 하고 있다.
Дэлхийн эдийн засагт Солонгос улсын оруулах хувь нэмэр улам бүр өсөн нэмэгдэж байгаа.

세기 эрин зуун

지금은 21 세기이다.
Одоо 21 дүгээр зуун

원자력 시대가 벌써 시작되었다.
Цөмийн эрчим хүчний эрин үе аль хэдийн эхлээд байна.

세대 үе

제3세대, 대대손손, 왕족
гурав дахь үе, үеийн үе, хааны удам

아인슈타인은 과거 세대의 뛰어난 사람들 중의 한 사람이다.
Эйнштейн бол өнгөрсөн үеийн агуу хүмүүсийн нэг.

세수하다 нүүр гараа угаах

매일 아침 나는 찬물로 세수한다.
Би өглөө бүр хүйтэн усаар нүүр гараа угаадаг.

세수 수건
нүүр гарын алчуур

세탁 угаах

세탁기, 세제
угаалгын машин, угаалгын нунтаг

그녀는 새 세탁기를 샀다.
Тэр эмэгтэй шинэ угаалгын машин худалдаж авсан.

셋 гурав

그녀는 자녀가 셋이다.
Тэр эмэгтэй гурван хүүхэдтэй.

우리는 3명이었다.
Бид гурвуулаа байсан.

셔츠 цамц

그에게는 푸른색 셔츠가 어울린다.
Түүнд цэнхэр өнгийн цамц зохидог.

모직셔츠
ноосон цамц

소금 давс

식염, 돌소금, 가장 귀중한 것
хүнсний давс, чулууны давс, хамгийн чухал ховорз үйл

수프에 그렇게 소금을 많이 넣지마라.
Шөлөнд давс ингэж битгий их хий.

쏘다 харвах, буудах

그는 활로 과녁을 쏘았다.
Тэрээр нум сумаар бай харвасан.

적군은 대포로 도시를 포격하기 시작했다.
Дайснууд их буугаар хот руу галлаж эхэлсэн.

소리 дуу, чимээ

나는 소음 때문에 머리가 아프다.
Дуу чимээнээс болж миний толгой өвдөж байна.

왁자지껄 한패, 센세이션을 일으킨 성공
шуугилдсан хэсэг хүмүүс, дуулиант амжилт

소리지르다 хашгирах

엄마가 아이에게 소리쳤다.
Ээж нь хүүхэд рүүгээ хашгирсан.

밤 중에 밖에서 한 사람이 소리질렀다.
Шөнө дунд гадаа нэг хүн хашгирсан.

소매 ханцуй

그녀는 소매 없는 흰색 원피스를 입고 있었다.
Тэр эмэгтэй ханцуйгүй цагаан өнгийн даашинз өмссөн байлаа.

이 셔츠의 소매는 약간 짧다.
Энэ цамцны ханцуй жаахан богино байна.

소시지 зайдас

오늘 아침 식사는 빵, 치즈, 그리고 소시지와 차다.
Өнөөдөр өглөөний хоол талх, бяслаг, зайдас, цай болно.

아이들이 핫도그를 많이 좋아한다.
Хүүхдүүд зайдастай, ороомогт их дуртай байдаг.

소유 өмч

소유자
өмчлөгч

개인소유
хувийн өмч

소총 винтов буу

자동소총
автомат буу

병사들이 소총을 쏘았다.
Байлдагч буугаар буудсан.

소파 буйдан

그녀는 소파에 앉아 있다.
Тэр эмэгтэй буйдан дээр сууж байна.

가죽 소파
арьсан буйдан

속도 хурд

경기가 아주 빠른 속도로 진행되었다.
Тоглолт хурдан хугацаанд болж өнгөрсөн.

열차는 시속 100km의 속도로 달리고 있다.
Галт тэрэг100километр цагийн хурдтайгаар явж байна.

손 гар

나는 그녀의 손을 잡았다.
Би тэр эмэгтэйн гараас барьсан.

손대지 말 것!
Гар бүү хүр!

그녀의 손가락은 길고 예쁘다.
Тэр эмэгтэй урт сайхан хуруутай.

손님 зочин

귀빈
хүндэт зочин

저희 집에 놀러 오십시오.
Манайхаар зочлон ирээрэй.

손실 хохирол, гарз

시간 낭비
цагийн гарз

그의 죽음은 커다란 학문적 손실이었다.
Тэр нас барсан нь шинжлэх ухааны салбарын хувьд нөхөж баршгүй гарз байлаа.

솔 сойз

옷 솔 좀 줘.
Хувцасны сойз өг дөө.

칫솔
шүдний сойз

수단 хэрэгсэл, арга чарга

온갖 수단을 다 동원해서, 운반수단, 보도기관
бүх арга хэрэгслийг ашиглан, тээврийн хэрэгсэл, мэдээллийн хэрэгсэл

그는 온갖 수단을 다 써서 자기 목적을 달성했다.
Тэрээр бүх арга чаргаа хэрэглэн өөрийнхөө зорилгод хүрсэн.

수리 засвар

극장은 수리 때문에 문을 닫았다.
Театр засвартай тул ажиллахгүй байгаа.

카센터
машин засварын газар

수색 хайх, эрэн сурвалжлах

행복을 좇아
аз жаргал хайн

오랜 수색 끝에 우리는 마땅한 집을 찾아냈다.
Удаан хугацаанд эрж хайсны эцэст тохирох байшин олсон.

범인을 수색하다
хэрэгтэнийг эрэн сурвалжлах

수술 мэс засал

수술 후에 환자는 기분이 좋아졌다.
Мэс заслын дараа өвчтөний сэтгэл санааны байдал дээрдсэн.

수술실
мэс заслын өрөө

수술을 받다
мэс засал хийлгэх

수업 хичээл

그는 중학교에서 음악을 가르친다.
Тэр дунд сургуульд хөгжмийн хичээл заадаг.

나는 수업에 가고 있다.
Би хичээлдээ явж байна.

수영 усанд сэлэх

내가 좋아하는 운동종목은 수영이다.
Миний дуртай спорт бол усанд сэлэлт.

우리는 일주일에 두번 수영장에 간다.
Бид долоо хоногт хоёр удаа усан сан руу явдаг.

수요 эрэлт, хэрэгцээ, шаардлага

절실한 요구
амин чухал шаардлага

그는 그여자를 위해 무언가 도움이 되는 일을 해주고 싶은 욕구를 느꼈다.
Тэрээр тэр эмэгтэйд тус нэмэр болох үйлийг хийх шаардлагатай болохыг мэдэрсэн.

스프 шөл

고기국, 야채스프
махны шөл, ногоотой шөл

점심에 우리는 스프와 함께 고기를 먹었다.
Бид үдийн хоолондоо шөл ууж, мах идсэн.

수준 түвшин

생활수준, 대사급 외교관계
амьдралын түвшин, элчин сайдуудын түвшний гадаад харилцаа

수업은 수준 높게 진행되었다.
Хичээл өндөр түвшинд хүрсэн.

수행하다 хэрэгжүүлэх, биелүүлэх

우리 공장은 기한 내에 계획을 110% 완수했다.
Манай үйлдвэр төлөвлөгөөгөө хугацаанд нь 110% биелүүлсэн.

그는 항상 우리의 소원을 들어준다.
Тэр үргэлж бидний хүслийг биелүүлдэг.

숨쉬다 амьсгалах, амьсгаа авах

그는 고통스럽게 숨 쉬고 있다.
Тэр зовиуртайгаар амьсгалж байна.

깊게 숨을 쉬세요.
Гүнзгий амьсгаа аваарай.

길게 숨 쉬다
уртаар амьсгалах

숫자 тоо

로마숫자, 아라비아숫자
ром тоо, араб тоо

아이가 숫자 쓰는 것을 배우고 있다.
Хүүхэд тоо бичихийг сурч байна.

숲 ой

침엽수림, 활엽수림
шилмүүст ой, навчит ой мод

나는 숲속을 산책하는 것을 즐긴다.
Би ойгоор зугаалах дуртай.

쉬다 амрах

그녀는 지금 바닷가에서 휴양 중이다.
Тэр эмэгтэй одоо далайн эрэгт амарч байгаа.

당신은 좀 쉬어야 합니다.
Танд амралт хэрэгтэй.

쓰다 бичих

아침에 그녀는 편지를 썼지만 다 쓰지는 못했다.
Тэр эмэгтэй өглөө захиа бичсэн боловч дуусгаж чадаагүй.

당신은 몽골어로 잘 쓰시는군요.
Та монголоор сайн бичдэг юм байна.

스스로 өөрөө, биерээ

아버지가 직접 집회에 가셨다.
Аав өөрөө хуралд очсон.

그는 모든 것을 자기 스스로 한다.
Тэр бүх зүйлийг өөрөө хийдэг.

직접 가서 등록해야 한다.
Өөрийн биеэр очиж бүртгүүлэх хэрэгтэй.

스키 цана

우리는 스키를 탔다.
Бид цанаар гулгасан.

한국 스키선수와 악수를 했다.
Солонгосын цаначинтай гар барьсан.

스푼 халбага

차 스푼
цайны халбага

그 아이는 벌써 스푼으로 국을 먹을 줄 안다.
Тэр хүүхэд халбагаар шөл халбагадаж идэж чадна.

슬픔 уйтгар, гуниг

그는 아들의 죽음으로 커다란 슬픔에 빠졌다.
Тэр хүүгээ нас барахад их уйтгар гунигт автсан.

살아오면서 그는 많은 슬픈 일을 겪었다.
Түүнд амьдралынх нь туршид олон гунигт явдал тохиолдсон.

습관 дадал зуршил

악습, 습관으로
хорт зуршил, зуршлаараа

그녀는 잠자리에서 책을 읽는 습관이다.
Тэр эмэгтэй орондоо ном уншдаг зуршилтай.

승강기 цахилгаан шат, өргүүр

화물 엘리베이터
ачааны цахилгаан шат

우리는 엘리베이터를 타고 올라갔다.
Бид цахилгаан шатаар дээш гарсан.

승객 зорчигч

객차
зорчигчдын галт тэрэг

승객들이 자기 자리에 앉았다.
Зорчигчид суудалдаа суусан.

승낙 зөвшөөрөх

그는 환자를 면회하기 위해서 의사의 허락을 받았다.
Тэр өвчтөнг эргэхийн тулд эмчээс зөвшөөрөл авсан.

아버지는 내가 유학 가는 것을 허락하셨다.
Аав намайг гадаадад сурахыг зөвшөөрсөн.

승리하다 ялах

그는 챔피언을 꺾었다.
Тэрээр аваргыг ялсан.

우리는 승리를 거두었다.
Бид ялав.

시 шүлэг

시인이 새로운 시를 썼다.
Яруу найрагч шинэ шүлэг бичсэн.

시와 산문
шүлэг ба үргэлжилсэн үгийн зохиол

시간 цаг, цаг хугацаа

나는 당신을 1시간 내내 기다렸습니다.
Би таныг бүтэн цаг хүлээлээ.

그녀는 3시까지는 온다.
Тэр эмэгтэй гурван цаг гэхэд ирнэ.

나는 시간이 없다.
Надад цаг зав алга.

지금 몇 시입니까?
Одоо цаг хэд болж байна вэ?

시간의 цагийн

회의는 1시간의 토론 끝에 결의를 채택한다.
Хурал 1цагийн турш хэлэлцсэний эцэст шийдвэр гаргалаа.

내 누이는 시계 공장에 다닌다.
Миний эгч цагны үйлдвэрт ажилладаг.

그는 아르바이트를 한다.
Тэр цагийн ажил хийдэг.

시간표 цагийн хуваарь

수업시간표
хичээлийн цагийн хуваарь

비행시간표
нислэгийн цагийн хуваарь

시계 цаг

내 시계는 정확하게 간다.
Миний цаг яг таарч явaa.

시계가 2분 빠르다.
Миний цаг 2минут түрүүлж явaa.

시기 үе

오랜시간동안에, 전후시기
удаан хугацааны турш, дайны дараах үе

그 때가 그의 생에서 제일 어려운 시기였다.
Тэр үе бол түүний амьдралын хамгийн хэцүү үе байсан.

시대 үе

문예 부흥기
уран зохиол, урлагийн сэргэн мандалтын үе

아인슈타인 이론은 물리학 역사의 한시대를 풍미했다.
Эйнштейний онол физикийн шинжлэх ухааны түүхийн нэгэн үеийг ноёлсон.

시도 оролдлого

혁명의 기도, 도주 시도
хувьсгал хийх оролдлого, зугтах оролдлого

그는 여러 차례에 걸쳐 옳다는 것을 증명하려고 시도하였다.
Тэрээр зөв гэдгээ нотлох гэж удаа дараа оролдсон.

시도하다 оролдох хичээх

그녀는 물리문제를 풀려고 오랫동안 애를 썼다.
Тэр эмэгтэй физикийн бодлого бодох гэж удаан оролдсон.

나는 공부를 열심히 하고 있다.
Би сайн сурахыг хичээж байна.

시력 хараа

그는 시력을 잃었다.
Тэрээр хараагүй болсон.

나는 가까운 곳은 잘 보이지만, 먼 곳은 잘 보이지 않는다.
Миний ойрын хараа сайн, холын хараа муу.

시련 сорилт, шалгуур

아버지의 병은 우리에게는 커다란 시련이었다.
Аавын маань өвчин бидэнд том сорилт байсан.

기준지표
шалгуур үзүүлэлт

시민 иргэн, хотын оршин суугч

그는 미국 시민이다.
Тэр америкийн иргэн.

그는 시민으로서의 의무를 다했다.
Тэр иргэний үүргээ биелүүлсэн.

그는 민법을 잘 안다.
Тэр иргэний хуулийг сайн мэднэ.

일반여권
иргэний паспорт

시선 харц

얼핏보아, 첫눈에
хальт өнгөц харахад, анхны харцаар

싸늘한 시선을 하고 있는 사람.
Ширүүн харцтай хүн.

씨앗 үр

파종할 씨앗, 불화의 씨
үр суулгах, үрслэг хийх үр, эвдрэлцлийн үндэс

우리는 밀 씨앗이 모자란다.
Бидэнд улаан буудайн үр дутмаг байна.

시원한 сэрүүн

산들 바람, 냉정한 태도
сэвшээ салхи, хүйтэн хөндий байр байдал

신선한 아침이었다.
Цэлмэг өглөө байлаа.

시원한 날씨
сэрүүн уур амьсгал

10월 арван сар, аравдугаар сар

당신은 10월까지 이 일을 마쳐야 한다.
Та 10 дугаар сар хүртэл энэ ажлыг дуусгах хэрэгтэй.

10월 혁명
10 дугаар сарын хувьсгал

시작 эхлэх

그들에게는 전혀 새로운 생활이 시작되었다.
Тэдний хувьд цоо шинэ амьдрал эхэлсэн.

그녀는 4월부터 학교에서 공부를 시작했다.
Тэр эмэгтэй 4дүгээр сараас эхлэн сургуульд сурч эхэлсэн.

우리 업무는 8시에 시작된다.
Манай ажил 8цагт эхэлдэг.

그는 공장에서 일하기 시작했다.
Тэр үйлдвэрт ажиллаж эхэлсэн.

시청자 үзэгч

시청자 여러분 음악 프로를 방송하겠습니다.
Эрхэм үзэгчидээ, хөгжмийн нэвтрүүлэг эхэлж байна.

강당이 시청자들로 가득찼다.
Танхим үзэгчдээр дүүрсэн.

시합 тэмцээн

스키경기, 수영경기
цанын тэмцээн, усанд сэлэлтийн тэмцээн

이 경기에 많은 나라의 선수들이 참가했다.
Энэ тэмцээнд олон орны тамирчид оролцсон.

시험 шалгалт

입학시험, 구두시험, 수학시험
элсэлтийн шалгалт, аман шалгалт, математикийн шалгалт

그녀는 물리 시험을 아주 겁내했다.
Тэр эмэгтэй физикийн хичээлийн шалгалтаас их айдаг.

식당 хоолны газар, цайны газар

그들은 역 식당에서 점심을 먹는다.
Тэд галт тэрэгний буудлын цайны газарт үдийн хоол иддэг.

그는 보통 구내 식당에서 점심을 먹는다.
Тэр ихэвчлэн ажлынхаа газрын гуанзанд үдийн хоол иддэг.

식료품 хүнсний бүтээгдэхүүн

당신은 식료품을 어디에서 구입합니까?
Та хүнсний зүйлээ хаанаас авдаг вэ?

다양한 식료품 시장
төрөл бүрийн хүнсний бүтээгдэхүүний зах

식물 ургамал

1년생 식물
нэг наст ургамал

이 식물의 꽃은 매우 아름답다.
Энэ ургамлын цэцэг үнэхээр үзэсгэлэнтэй.

식사 хоол

노동자들은 식당 급식의 개선을 요구하고 있다.
Ажилчид гуанзны хоолны чанарыг сайжруулахыг шаардаж байна.

채식
ногоон хоол

신 бурхан

그는 신을 믿는다.
Тэр бурханд итгэдэг.

그녀는 신의 존재를 믿지 않는다.
Тэр эмэгтэй бурхан байдаг гэдэгт итгэдэггүй.

신고하다 мэдэгдэх, бүртгэх

그는 자신의 대회 참가를 통보했다.
Тэр тэмцээнд оролцохоо мэдэгдсэн.

새로운 학생들을 등록하고 있다.
Шинэ оюутнуудыг бүртгэж байна.

신념 итгэл үнэмшил

그는 결코 승리에 대한 신념을 잃지 않았다.
Тэрээр өөрийгөө ялна гэдэгт бат итгэлтэй байлаа.

사람은 신의가 있어야 한다.
Хүн итгэл үнэмшилтэй байх хэрэгтэй.

신뢰하다 итгэх, итгэл хүлээлгэх

절대적 신뢰
бат итгэл

그 사람은 나의 신뢰를 잃었다.
Тэр хүн миний итгэлийг алдсан.

신맛의
гашуун

쓴 웃음, 씁쓰레한 표정
ёжтой инээмсэглэл, яравгар харц

이 사과는 맛이 아주 시다.
Энэ алим их гашуун.

신문 сонин

일간신문, 벽보
өдөр тутмын сонин, ханын сонин

이 신문은 1주일에 3번 발행된다.
Энэ сонин долоо хоногт 3 удаа гардаг.

그는 기자가 되고 싶어한다.
Тэрээр сурвалжлагч болохыг хүсдэг.

신중하게 хянуур, няхуур, нухацтай

나는 신중하게 말하고 있다.
Би нухацтай хэлж байна.

그는 매우 신중한 사람이다.
Тэр их няхуур хүн.

소녀가 조심스럽게 길을 건넜다.
Охин замаар болгоомжтой няхуур гарсан.

신청서 өргөдөл, мэдүүлгийн маягт

신청서를 내다
өргөдөл өгөх

소득세 양식을 작성하고 제출하였다.
Орлогын мэдүүлгийн маягтыг бөглөөд тушаасан.

실 утас

이 실은 너무 가늘다.
Энэ утас дэндүү нарийн байна.

수술용 실
мэс заслын утас

실수 алдаа

이것은 아주 큰 실수입니다.
Энэ их том алдаа.

실수를 하다
алдаа гаргах

실제의 бодит

작가는 생생한 현실을 잘 알아야 한다.
Зохиолч бодит байдлыг сайн мэддэг байх хэрэгтэй.

현실적인 목표를 스스로 설정할 필요가 있다.
Өөртөө бодит зорилго тавих хэрэгтэй.

실험 туршилт

핵무기 실험, 준엄한 실험
цөмийн зэвсгийн туршилт, аз туршсан туршилт

이 곳에서 기계설비 실험이 진행되고 있다.
Энд тоног төхөөрөмжийн туршилт явагдаж байна.

그들은 실험실에서 실험을 하고 있다.
Тэд лабораторид туршилт хийж байна.

심장 зүрх

그는 심장 수술을 받았다.
Тэрээр зүрхний мэс засалд орсон.

서울은 한국의 심장이다.
Сөүл бол Солонгос орны зүрх.

심판 шүүгч

국제 심판
олон улсын шүүгч

나는 있었던 모든 일을 판사에게 진술하겠다.
Би болсон бүх зүйлийг шүүгчийн өмнө мэдүүлнэ.

10 арав

이 돌은 저것보다 10배는 크다
Энэ чулуу түүнээс 10 дахин том.

그는 10년째 트랙터 일을 한다.
Тэрээр10 жилийн турш трактор барьж байгаа.

10 арав

수만, 달걀10알
хэдэн арван мянга, 10ширхэг өндөг

선반과 책상 위에 책 수십권이 있다.
Тавиур болон ширээн дээр олон арван ном байна.

10억 тэрбум

전 세계에는 수십억의 사람들이 살고 있다.
Дэлхий дээр хэдэн тэрбум хүн амьдардаг.

억만장자
тэр бумтан

12월 12 сар

이 곳은 12월이 따뜻했다.
Эндхийн цаг агаар 12дугаар сард дулаахан байсан.

그는 1968년 12월 22일생이다.
Тэр 1968оны 12 дугаар сарын 22-нд төрсөн.

씻다 угаах

방 안에 들어가지 마세요. 방바닥을 닦고 있어요.
Өрөөнд битгий ороорой. Шал угааж байна.

나는 뜨거운 물로 몸을 씻고 있습니다.
Би халуун усаар биеэ угааж байна.

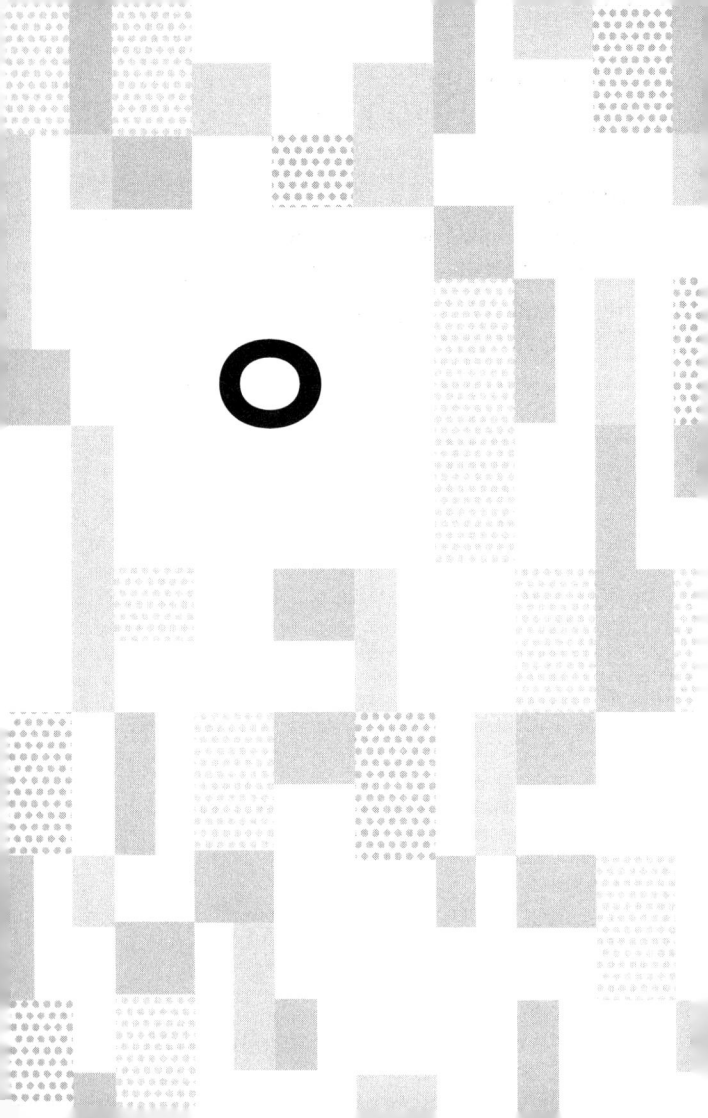

~아니다 - биш

이 곳은 인민학교가 아니라 대학이다.
Энэ бол бага сургууль биш, их сургууль.

우리는 너를 찾아 온 것이 아니다.
Бид чамайг зорьж ирсэн юм биш.

아들 хүү

웬일인지 아들에게서 오랫동안 소식이 없다.
Юу болсон юм бол, хүүгээс маань сураг тасраад удаж байна.

나의 맏아들은 운전기사이고, 막내아들은 의사이다.
Миний ууган хүү жолооч, отгон хүү эмч.

체스졸
шатрын хүү

아름다움 гоо үзэсгэлэн, гоо сайхан

그는 그렇게 호남은 아니다.
Тэр тийм ч сайхан залуу биш.

그녀는 아름다운 미모를 지녔다.
Тэр бүсгүй үнэхээр үзэсгэлэнтэй төрсөн.

아무것도 –юу ч, ямар ч

이 책은 아무런 재미도 없다.
Энэ ном ямар ч сонирхолгүй юм.

나는 당신에게 아무것도 묻지 않을 것이다.
Би танаас юу ч асуухгүй.

아무도(부정) хэн ч

그는 여기에 대해 아무에게도 말하지 않았다.
Тэр эндхийн талаар хэнд ч хэлээгүй байсан.

아무도 이것을 믿지 않을 것이다.
Хэн ч үүнд итгэхгүй байх.

이 일은 누구나 할 수 있다.
Энэ ажлыг хэн ч хийж чадна.

아버지 аав

어제 나는 그 사람 아버지를 만났다.
Өчигдөр би түүний аавтай уулзсан.

나의 아버지는 좋은 분이시다.
Миний аав сайн хүн.

아이들 хүүхдүүд

7세부터 아이들은 학교에 다닌다.
Хүүхдүүд долоон настайдаа сургуульд ордог.

7세까지의 아이들은 유치원에 다닌다.
Хүүхдүүд долоон нас хүртлээ цэцэрлэгт явдаг.

아이스크림 зайрмаг

초콜릿 아이스크림
шоколадтай зайрмаг

아이들은 아이스크림을 아주 좋아한다.
Хүүхдүүд зайрмагт маш дуртай.

아주머니 эгч, авгай, эмэгтэй

우리는 아주머니 집에 갔다.
Бид тэр эгчийнд очсон.

아주머니께서 학교에 오셨다.
Эгч авгай сургууль дээр ирэв.

아침 өглөө

나는 아침까지 잠을 자지 못했다.
Би өглөө болтол унтаж чадсангүй.

사람은 화창한 아침을 더 좋아한다.
Нартай өглөөд хүн бүр дуртай байдаг.

아침식사 өглөөний хоол

오늘 아침 식사는 무엇입니까?
Өнөөдрийн өглөөний хоол юу вэ?

우리는 집에서 아침 식사를 한다.
Бид өглөөний хоолоо гэртээ иддэг.

아카데미 академи

아카데미 회원, 육군사관 학교
академийн гишүүн, хуурай замын цэргийн сургууль

과학 아카데미
шинжлэх ухааны академи

아프다 өвдөх

손과 발이 아픕니다.
Хөл гар өвдөөд байна.

갑자기 아프다
гэнэт өвдөх

아홉 ес

우리는 그들 9명의 여학생들을 만났다.
Бид тэр есөн оюутан охинтой уулзсан.

교과서 9쪽을 펴세요.
Сурах бичгийн ес дэх хуудсыг нээцгээ.

나는 이 의사 선생님한테 진료 받으러 온 아홉번째 사람이다.
Би энэ эмчид үзүүлэх ес дэх хүн.

악 хор, гэм, муу

악을 선으로 갚아라.
Мууг сайнаар хариулаарай.

사람에게 죄를 지고 다녀서는 안 된다.
Хүнд гэм хийж явж болохгүй.

안개 манан

오늘 거리에 안개가 꼈다.
Өнөөдөр гадаа манантай байна.

안개가 개었다.
Манан арилжээ.

안개가 끼다.
Манан татах.

안전 аюулгүй

여기에서 우리는 아주 안전하다.
Энд бид аюулгүй байна.

UN 안보이사회, 안전지대
НҮБ-ын аюулгүйн зөвлөл, аюулгүйн бүс

안정 тогтвортой, тайван

환자는 안정이 필요하다.
Өвчтөн тайван байх хэрэгтэй.

안정적인 발전/ 지속적인 발전
тогтвортой хөгжил

안타깝다 харамсалтай

그는 당신을 만나지 못해 안타까웠다.
Тэр тантай уулзаж чадаагүйдээ харамсаж байсан.

안타까운 일이 되다.
Харамсалтай явдал болох.

앉다 суух

안락 의자에 앉으세요, 나는 소파에 앉겠어요.
Та түшлэгтэй сандал дээр суу, би буйдан дээр сууя.

이따금 그녀는 피아노 앞에 앉아 피아노를 쳤습니다.
Тэр эмэгтэй хэсэг хугацааны дараа төгөлдөр хуурын өмнө сууж төгөлдөр хуур тоглосон.

앉아있다 сууж байх

손님들이 식탁에 앉아 있다.
Зочид хоолны ширээний ард сууж байна.

나뭇가지에 예쁜 새가 앉아 있다.
Модны мөчир дээр хөөрхөн шувуу сууж байна.

알 өндөг

아침 식사로 달걀 1알을 먹는 것이 몸에 좋다고 한다.
Өглөөний цайнд 1ширхэг өндөг идэх нь хүний биед тустай гэж ярьдаг.

매일 아침 우리 닭은 알을 낳는다.
Манай тахиа өглөө бүр өндөглөдөг.

알고 있다 танигдах, мэдэж байх

널리 알려져 있다.
Өргөн хүрээнд танигдаж байгаа.

이 사실을 알고 계십니까?
Энэ тухай мэдэж байсан уу?

알다(상세히) **мэдэх/гаргууд, сайн/**

그는 국제관계에 능통하다.
Тэр олон улсын харилцааны талаар гаргууд мэддэг.

그가 어떤 사람인지 모르겠다.
Тэр ямар хүн гэдгийг мэдэхгүй.

알다 мэдэх

나는 그를 잘 알지 못한다.
Би түүнийг сайн мэдэхгүй.

무엇을 해야할지 모르겠다.
Юу хийх ёстойг мэдэхгүй байна.

암소 үнээ

젖소는 많은 우유를 제공한다.
Сүүтэй үнээнээс их сүү гардаг.

암소 젖
үнээний сүү

압력 даралт, шахалт

우리는 주변의 압력으로 휴가 때 여행을 포기했다.
Бид эргэн тойрныхоо шахалтаас болж аялалаар явахаа больсон.

압박하다.
шахалт үзүүлэх

앞에 өмнө, урьд нь

잠들기 전에
унтахын өмнө

그녀는 오랫동안 거울 앞에 서 있었다.
Тэр бүсгүй толины өмнө удаан зогсож байна.

그는 내 앞에서 걸어간다.
Тэр миний өмнө алхаж байна.

전방에 산이 보인다.
Өмнө маань уул харагдаж байна.

약 эм

나는 6시간마다 약을 먹는다.
Би 6 цагийн зайтайгаар эм ууж байгаа.

병원 복도에는 약냄새가 가득하다.
Эмнэлгийн хонгилоор эмийн үнэр ханхилж байна.

약간 бага зэрэг

그는 약간 피로했다.
Тэр бага зэрэг ядарсан байсан.

그는 물을 조금 마셨다.
Тэр бага зэрэг ус уусан.

약국 эмийн сан

어머니는 아들을 약국에 심부름 보냈다.
Ээж нь хүүгээ эмийн сан руу явуулсан.

약사
эмийн санч

약속하다 амлах, болзох

그는 내일 오겠다고 약속했다.
Тэр маргааш ирнэ гэж амласан.

약속
амлалт

양말 오임스

나는 화려한 빛깔의 양말을 싫어한다.
Би тод өнгийн оймсонд дургүй.

모직양말
ноосон оймс

양쪽의 хоёр талын, хоёр тал

두 아들, 쌍방
хоёр хүү, хоёр тал

양측의 형 동생들이 만났다.
Хоёр талын ах дүү нар уулзав.

어두운 харанхуй, бүүдгэр

검은 머리카락, 수상한 인물, 무지 몽매한 사람
хар үс, хачин хүн/хачин дүр, бүдүүлэг хүн

내 방은 아주 어둡다.
Миний өрөө маш харанхуй.

어둠 харанхуй, бүдэг

어둠 속에서, 어두워지기 전에
харанхуйн дундаас, бүрэнхий болохоос өмнө

그녀는 불도 켜지 않은 채 어둠 속에 앉아 있었다.
Бүсгүй гэрлээ ч асаагаагүй харанхуйд сууж байв.

어디로 хаашаа

당신은 오늘 저녁에 어디에 가십니까?
Та өнөө орой хаашаа явсан юм бэ?

이 사실을 어디에서 알았지?
Энэ тухай хаанаас олж мэдсэн бэ?

당신은 어디서 오셨나요?
Та хаанаас ирсэн бэ?

어디에 хаана

어디서 만날까요?
Хаана уулзах вэ?

나는 어디에선가 연필을 잃어버렸다.
Би хаана ч юм харандаагаа гээчихжээ.

어떠한 ямар нэгэн

무언가 결정을 내려야한다.
Ямар нэг шийдвэр гаргах л хэрэгтэй.

어떤 동물이 나를 물었다.
Намайг ямар нэгэн амьтан хазсан.

당신은 어떤 색깔의 양복을 원하십니까?
Та ямар өнгийн костюм авмаар байна вэ?

어떤 ямар

당신은 어떤 책을 샀습니까?
Та ямар ном худалдаж авсан бэ?

당신은 어떤 색을 좋아합니까?
Та ямар өнгөнд дуртай вэ?

어떤~도 ямар ч, ямар нэг

그는 절대로 작가가 아니다.
Тэр ямар ч гэсэн зохиол ч л биш.

아무 희망도 없다.
Ямар ч горьдлого алга.

어떻게 яаж

그는 어떻게 해서 극장표를 구할 수 있었다.
Тэр яаж ийж байгаад театрын билет олчихсон байсан.

여기 어쩐 일이셔요?
Би танд яаж туслах билээ?

어려운 хэцүү, бэрх, хүнд

어려운 일, 어려운 시기, 중병
хэцүү ажил, хүнд үе, хүнд өвчин

이것은 매우 어려운 일이다.
Энэ үнэхээр хүнд ажил байна.

어른 톰 хүн, нас бие гүйцэх

어른들은 방에 남아 있다.
Томчууд өрөөнд үлдсэн.

그 아이의 생각이 어른 같다.
Тэр хүүгийн санаа бодол нь том хүнийх шиг.

어리석은 гэнэн, томоогүй, болчимгүй

그는 어리석은 사람이었다.
Тэр томоогүй хүн.

아이가 아직 철이 안 들었다.
Хүүхэд хараахан томоожоогүй байна.

언제 хэзээ

당신은 언제 집에 계시겠습니까?
Та хэзээ гэртээ байх вэ?

몽골에 언제 가면 제일 좋습니까?
Хэзээ Монгол явбал хамгийн сайхан байдаг вэ?

언제인가 хэзээ ч билээ, хэзээд

언제인지는 몰라도 나는 이 책을 분명히 읽었다.
Хэзээ ч билээ энэ номыг би ямар ч байсан уншсан.

나는 언제나 당신을 도와 줄 준비가 되어있다.
Би танд туслахад хэзээд бэлэн байна.

어느 날 밤에
хэзээ билээ нэг шөнө

얼굴 нүүр

그의 얼굴에 미소가 떠올랐다.
Түүний нүүрэнд инээмсэглэл тодорлоо.

얼굴이 붉어지다
нүүр улайх

얼마나 хэчнээн, хэд

이 책은 얼마인가요?
Энэ ном хэд вэ?

집회에 몇 사람이 왔나요?
Уулзалтанд хэчнээн хүн ирсэн бэ?

엄한 хатуу, ширүүн, хурц

엄격한 규율, 혹독한 비평
хатуу дүрэм, хурц шүүмжлэл

그는 엄하게 말했으나 눈빛은 명랑했다.
Тэр ширүүн аястай хэлсэн бөгөөд нүд нь захиран тушаасан щинжтэй байлаа.

없애다 устгах, үгүй болгох

우리 부대가 적군을 전멸시켰다.
Манай цэргийн анги дайсны цэргийг устгасан.

화재로 숲 몇 헥터가 다 타버렸다.
Түймрээс болж хэдэн арван гектар ой мод шатаж үгүй боллоо.

유해동물 곤충을 없애다.
Хортон шавьжийг устгах.

없어지다 алга болох

내 서류가 없어졌다.
Миний бичиг баримт алга болчихлоо.

소식도 없이 사라지다.
Сураггүй алга болох.

～에 –д, –т

우리는 도시에서 살고 있다.
Бид хотод амьдардаг.

우리는 8월 내내 서울에 있었다.
Бид 8дугаар сард Сөүлд байсан.

～에게 –д, –т

그는 나에게 잘 대해주었다.
Тэр надад сайн хандсан.

나는 남편에게 캐시미어 셔츠를 주었다.
Би нөхөртөө ноолууран цамц авсан.

에너지 энерги

수력
усны энерги, усны хүч

지구는 태양에서 방대한 양의 에너지를 받고 있다.
Дэлхий нарнаас их хэмжээний энерги авч байдаг.

～에 대해 –ын талаар, -ын тухай

무엇에 대해 생각하십니까?
Юуны тухай бодож байна вэ?

아무에게도 이 일에 대해 말하지 마시오.
Энэ ажлын талаар хэнд ч бүү хэлээрэй.

～에서 –аас⁴

우리는 서울에서 부산까지 기차를 타고 갔다.
Бид Сөүлээс Пусан хүртэл галт тэргээр явсан.

나는 이 학생들 중에 한 사람을 잘 안다.
Би энэ оюутнуудаас нэгийг нь сайн танина.

에스컬레이터 урсдаг шат

지하철 역에는 많은 수의 에스컬레이터가 작동되고 있다.
Метроны буудалд урсдаг шат олон байдаг.

에스컬레이터에서 뛰지 마세요.
Урсдаг шатан дээр гүйж болохгүй.

~에 있다 –д, –т байдаг.

문제는 우리가 그들을 위해 무엇을 할 수 있는지에 있다.
Бид тэдний төлөө юу хийж чадах вэ гэдэгт асуудал байгаа.

문제의 핵심은 여기에 있다.
Асуудлын гол нь үүнд л байна.

엔진 мотор, хөдөлгүүр

150마력 엔진
150морины хүчин чадалтай хөдөлгүүр

엔진이 자동차를 움직인다.
Мотор машиныг хөдөлгөдөг.

여겨지다 –гэж үзэх, бодох, дүгнэх

그는 훌륭한 의사라고 생각된다.
Түүнийг чадалтай эмч гэж бодож байна.

내가 너를 항상 좋은 친구로 여긴다.
Би чамайг дандаа миний сайн найз гэж дүгнэдэг.

여기서부터 эндээс эхлээд, эндээс

여기서 역까지는 몇 km입니까?
Эндээс буудал хүртэл хэдэн км вэ?

여기서는 도시 전체가 잘 보인다.
Эндээс хот бүхэлдээ сайн харагдаж байна.

여기에 энд

여기에 내 짐을 놓아 두어도 괜찮겠습니까?
Энд би ачаагаа тавьж болох уу?

여기 누가 있습니까?
Энд хэн байгаа вэ? Энд хүн байгаа юу?

여름 зун

우리는 남부에서 여름을 보냈다.
Бид өмнөд нутагт зуныг өнгөрөөсөн.

여름에 우리는 시골로 갔다.
Зун бид хөдөө явсан.

여름의 зуны

여름의 무더위
зуны аагим халуун

학생들의 여름 방학이 시작되었다.
Сурагчдын зуны амралт эхэлсэн.

여유가 없다 бололцоогүй, нөөцгүй, зайгүй, завгүй

나는 오늘 아주 바쁘다.
Би өнөөдөр үнэхээр завгүй байна.

지금으로서는 나한테 정말 여유가 없다.
Надад одоогоор ямар ч бололцоо алгадаа.

여자 эмэгтэй, эмэгтэй хүн

여의사, 유부녀
эмэгтэй эмч, нөхөртэй бүсгүй

그 젊은 여자는 누구입니까?
Тэр залуухан эмэгтэй хэн бэ?

여행 аялал

여름에 그들은 여행을 했다.
Тэд зун аялалаар явсан.

기마여행, 도보여행
морин аялал, явган аялал

역 буудал, зогсоол

기차가 역에 들어왔다.
Галт тэрэг зогсоолд орж ирлээ.

미안합니다만 역으로 가는 길을 가르쳐 주시겠습니까?
Уучлаарай, буудал руу яаж явахыг хэлж өгөөч?

역사 түүх

오늘 역사 강의는 아주 재미있게 진행되었다.
Өнөөдрийн түүхийн лекц сонирхолтой өрнөсөн.

이 사건은 과거의 일이 되고 말았다.
Энэ хэрэг өнгөрсөн түүх болоод л үлдсэн.

역사적인 түүхэн

그의 역사 소설 중에서 나는 단 한권만을 좋아한다.
Түүний түүхэн зохиолоос би нэгд нь л дуртай.

우리는 역사적인 시대에 살고 있다.
Бид түүхэн цаг үед амьдарч байна.

역할 үүрэг, дүр

지도적 역할, 역사에서 개인의 역할
удирдах үүрэг, түүхэн дэх хувь хүний үүрэг

그는 영화에서 주연을 맡았다.
Тэр киноны гол дүрд тоглохоор болсон.

연구 судлах, сурах

그는 문학 연구를 하고 있다.
Тэр уран зохиолын судалгаа хийж байгаа.

나는 영어를 공부하는 것을 좋아한다.
Би англи хэл судлах дуртай.

연기 утаа

아니, 땐 굴뚝에 연기가 날까?
Үгүй ээ, шатаж дууссан яндангаас утаа гарах уу?

방에 연기가 가득 찼다.
Өрөө утаагаар дүүрсэн байлаа.

연맹 холбоо, нэгдэл

군사동맹, 작가동맹, 노조
Цэргийн нэгдсэн холбоо, Зохиолчдын холбоо, Хөдөлмөрчдийн холбоо

양국은 군사동맹을 체결했다.
Хоёр улс цэргийн холбоо байгуулав.

연설 илтгэл

그는 대회에서 연설을 했다.
Тэр тэмцээнд илтгэл тавьсан.

연설을 듣다
илтгэл сонсох

연습 дасгал, сургуулилалт

잡지에는 기억력 향상을 위한 연습에 관한 논문이 실려 있다.
Сэтгүүл дээр ой санамжаа сайжруулах дасгалын

тухай нийтлэл гарсан байна.

그는 매일 아침에 두시간이나 읽기 연습을 한다.
Тэр өглөө бүр хоёр цаг гаруй унших дасгал хийдэг.

연필 харандаа

색연필
өнгийн харандаа

나는 연필로 쓴다.
Би харандаагаар бичдэг.

열 эгнээ

그들은 2열로 걸어갔다.
Тэд 2 эгнээгээр алхаж явсан.

표의 제일 마지막 열에 쓰세요.
Хүснэгтийн хамгийн доод талын эгнээнд бичээрэй.

열다 нээх

창문을 열지 마세요, 춥습니다.
Цонхоо битгий нээгээрэй, хүйтэн байна.

누가 미대륙을 발견했는지 아십니까?
Америк тивийг хэн нээснийг мэдэх үү?

열린 нээлттэй

공개투표
нээлттэй санал хураалт

공개 회의가 시작되었다.
Нээлттэй хурал эхэллээ.

열쇠 түлхүүр

그는 문 열쇠를 잃었다.
Тэр хаалганыхаа түлхүүрийг гээчихсэн.

이 열쇠를 복사해 주세요.
Энэ түлхүүрийг хувилж өгөөч.

염가의 үнэгүй, маш хямд

염가로
үнэгүй шахам, маш хямдаар

이 셔츠는 아주 저렴하다.
Энэ цамц маш хямд байна.

영국 Англи

영국인, 영국의
англи хүн, английн

그는 영어 공부를 하고 있다.
Тэр англи хэл сурч байгаа.

영리한 ухаантай, сэргэлэн, сүйхээтэй

똑똑한 사람

ухаантай хүн

그는 아주 영리한 사람이다.

Тэр үнэхээр сэргэлэн хүн.

영원한 үүрд мөнх

영구적 평화

үүрдийн энх тайван

영원히 기념하다.

үүрд дурсах

영웅 баатар

모든 사람들이 전쟁 영웅들을 환영하러 나갔다.

Бүх хүн дайны баатрыг угтан авахаар гарцгаалаа.

우리 아버지는 노동 영웅이 되셨다.

Манай аав хөдөлмөрийн баатар болсон.

영토 газар нутаг

소련은 영토로 보면 세계 최대의 국가였다.

Зөвлөлт улс газар нутгаар нь авч үзвэл дэлхийн хамгийн том улс байлаа.

미국은 아주 큰 영토를 가지고 있다.
Америк улс асар том газар нутагтай.

영향 үр нөлөө, нөлөө

좋은 영향
сайн нөлөө

자식에 대한 아버지의 영향은 대단한 것이다.
Үр хүүхдэдээ үзүүлэх эцэг хүний нөлөө агуу их байдаг.

영화 кино

예술영화
кино урлаг

이 영화는 셰익스피어 소설을 영화화 하였다.
Энэ киног Шекспирийн зохиолоор хийсэн.

영화관 кино театр

오늘 영화관에 가자.
Өнөөдөр кино театр явцгаая.

우리 동네 거리에는 영화관이 2개 있다.
Манай хороололд 2 кино театр байдаг.

옆으로 хажуугаар

아는 사람이 옆으로 지나갔다.
Таньдаг хүн хажуугаар зөрөөд өнгөрсөн.

그는 내 곁을 지나갔다.
Тэр миний хажуугаар зөрөөд өнгөрсөн.

예 жишээ

예를 들면, 교훈 삼아
жишээлбэл, сургаал гэж бодоод

그는 약간의 예를 들어 규칙을 설명했다.
Тэр жишээ татаж журмыг тайлбарласан.

나는 예를 들면 이러한 꽃들을 좋아한다.
Би, жишээлбэл, иймэрхүү цэцгэнд дуртай.

예술 урлаг

예술 작품
урлагийн бүтээл

예술은 사회 의식 형태의 하나이다.
Урлаг бол нийгмийн танин мэдэхүйн нэг хэлбэр юм.

그의 단편은 신선하고 예술적이다.
Түүний богино өгүүллэг шинэлэг, урлагийн мэдрэмжтэй.

예의 바른 зөв, боловсон, хүмүүжилтэй

사장 비서는 항시 방문객을 예의 바르게 맞이한다.
Захирлын нарийн бичгийн дарга зочдыг зөв боловсон хүлээж авдаг.

예의 바른 아이들이다.
Хүмүүжилтэй хүүхдүүд байна.

예전의 өмнө нь, өмнөх, дээр үеийн

어제 나는 우연히 옛 상관을 만났다.
Өчигдөр би санаандгүй өмнөх даргатайгаа уулзсан.

당신은 예전에는 어디서 일을 했습니까?
Өмнө нь та хаана ажиллаж байсан бэ?

옛날의 дээр үеийн

옛적에
эрт дээр үед

사람들의
дээр үеийн хүмүүсийн

오늘 өнөөдөр

오늘 아침 나는 편지를 받았다.
Өнөө өглөө би захиа авсан.

오늘의 일
өнөөдрийн ажил

오랜 удаан, удаан хугацаагаар

그는 오랫동안 아팠다.
Тэр удаан хугацаагаар өвдсөн.

그녀는 아주 오랫동안 통화했다.
Тэр утсаар удаан ярьсан.

오르다 өгсөх, нэмэгдэх

나는 계단을 오르는 것이 힘겹다.
Надад шатаар өгсөх хэцүү байдаг.

식료품 가격이 폭등하고 있다.
Хүнсний бүтээгдэхүүний үнэ огцом нэмэгдэж байна.

오른쪽에 баруун талд

내 책상은 창문 오른쪽에 있다.
Миний ширээ цонхны баруун талд байдаг.

내 오른쪽에
миний баруун талд

오염 бохирдол

오염지역
бохирдсон бүс нутаг

토양오염
хөрсний бохирдол

5월 5сар

노동절
хөдөлмөрийн сар

나는 5월말에 울란바타르에 갈 것이다.
5 дугаар сарын сүүлээр би Улаанбаатар луу явах байх.

오이 өргөст хэмх, огурцы

그는 오이지를 아주 좋아한다.
Тэр дарсан өргөст хэмхэнд маш дуртай.

저녁 식사로 오이와 토마토 셀러드를 먹었다.
Оройн хоолонд огурцы помидорны салат идсэн.

오직 зөвхөн

그는 오로지 당신만을 믿고 있다.
Тэр зөвхөн танд л итгэж байгаа.

이것은 오직 시작에 불과하다.
Энэ бол зөвхөн эхлэл.

오페라 дуурь

나는 오페라를 즐긴다.
Би дуурь сонсдог.

오페라 가수
дуурийн дуучин

온도 хэм, температур

오늘은 기온이 높다.
Өнөөдөр агаарын хэм өндөр байна.

그는 체온이 높아졌다.
Түүний биеийн хэм нэмэгдэж байна.

옳게 зөв, зөвөөр

당신은 올바르게 행동했습니다.
Та зөв хөдөлсөн.

학생은 문제를 맞게 풀었다.
Оюутан асуултыг зөв хариулсан байна.

완전히 бүрэн, төгс

그들은 예정대로 작업을 완전히 마무리했다.
Тэд өмнөх шигээ ажлаа бүрэн дуусгасан.

나는 전적으로 동감합니다.
Би бүгдтэй нь санал нийлж байна.

왜 яагаад

왜 너는 어제 우리집에 오지 않니?
Чи өчигдөр яагаад манайд ирсэнгүй вэ?

너는 왜 술을 마셨니?
Чи яагаад архи уусан бэ?

외국의 гадаадын, харийн

외교부, 외국어, 외국인
Гадаад харилцааны яам, гадаад хэл, гадаадын хүн

탁자에는 외국 상표의 맥주 3병이 있었다.
Ширээн дээр 3 шил гадаад шошготой шар айраг байна.

외부의 гадаад хэсэг, гадна тал

외모, 대외정책
гадна төрх, гадаад бодлого

창의 바깥 쪽을 닦아야 한다.
Цонхны гадна талыг арчих хэрэгтэй.

외침 хашгираан, хашгирах

구해달라고 외치는 소리가 들렸다.
Авраарай гэж хашгирах дуу сонсогдлоо.

나는 이상한 외침 소리를 들었다.
Би жигтэй гэгч хашгирах дуу сонссон.

외투 гадуур хувцас, өвлийн хувцас.

당신 외투 얼마에 사셨나요?
Та гадуур хувцсаа хэдээр авсан бэ?

나는 외투를 사고 싶다.
Би өвлийн хувцас авмаар байна.

왼쪽에 зүүн талд

왼쪽에서 오른쪽으로
зүүн талаасаа баруун руу

동생은 내 왼편에 앉아 있었다.
Дүү маань миний зүүн талд сууж байлаа.

왼쪽의 зүүн талын

왼팔, 좌측
зүүн гар, зүүн тал

가위는 서랍 왼쪽 구석에 있다.
Хайч шургуулгын зүүн талын буланд байгаа.

요구 шаардлага

절실한 요구, 사회적 요구
тохирсон шаардлага, нийгэмийн шаардлага
хэрэгцээ

이 일은 시대의 요청에 부합하지 않는다.
Энэ ажил цаг үеийнхээ шаардлагатай нийцэхгүй байна.

요리 хоол

그녀는 신선한 야채와 함께 요리를 내왔다.
Тэр бүсгүй шинэхэн ногоогоор хоол хийж ирлээ.

우리 어머니께서는 놀랍도록 맛있는 요리를 하신다.
Миний ээж гайхалтай сайхан хоол хийдэг.

요새 хамгаалалт, хэрэм

요새가 적군에 점령당했다.
Хэрэм дайсны цэрэгт эзлэгдсэн.

적군의 요새를 점령했다.
Дайсны цэрэг хэрмийг эзэлсэн.

요소 элемент

사회의 진보적 요소
нийгмийн дэвшилтэт элемент, прогрессив элемент

모든 노래는 가사와 곡이라는 2가지 요소로 이루어져 있다.
Дуу нь шүлэг, аялгуу гэсэн 2 элементээс бүрдэнэ.

요청하다 хүсэх, гуйх

그는 나의 도움을 요청했다.
Тэр надаас тусламж хүссэн.

나는 다른 사람에게 요청하는 것을 좋아하지 않는다.
Би хүнээс юм гуйх дургүй.

용감한 зоригтой

용감한 청년, 대담한 생각
зоригтой хөвгүүн, агуу бодол

얼마나 용감한 소년이에요, 높은 곳에서도 조금도 무서워 하지 않아요.
Ямар зоригтой хүү вэ, өндрөөс огт айсан шинжгүй байна.

용서하다 өршөөх, уучлах

오랫동안 소식을 드리지 못해 죄송합니다.
Хэл чимээгүй удсанд уучлаарай.

용서, 용서를 베풀다
өршөөл, өршөөл үзүүлэх

우리 бид

우리는 극장에 간다.
Бид театр луу явна.

우리는 학교에서 공부한다.
Бид сургууль дээр хичээллэдэг.

우연히 санаандгүй

나는 우연히 계산상의 실수를 발견했다.
Би тооцооны алдааг санаандгүй илрүүлсэн.

뜻하지 않은 실수를 범했다.
Санаандгүй алдаа гаргалаа.

우유 сүү

그는 우유 한 잔을 다 마셨다.
Тэр аягатай сүүг бүгдийг нь уусан.

우리 어머님은 분유로 차 끓이는 것을 싫어하신다.
Манай ээж хуурай сүүгээр цай чанахад дургүй байдаг.

우유를 끓이다
сүү хөөрүүлэх

우정 нөхөрлөл

그들의 우정은 아주 어려서부터 시작되었다.
Тэдний нөхөрлөл бүр бага байхаас эхлэлтэй.

우정에 진실합시다.
Нөхөрлөлдөө үнэнч байя.

우주의 сансрын

우주선, 우주비행
сансрын шугам, сансрын хөлөг

오늘 새로운 우주선이 발사되었다.
Өнөөдөр сансрын шинэ хөлөг хөөргөлөө.

우체국 шуудан

군사우편, 항공우편, 속달우편
цэргийн шуудан, агаарын шуудан, шуурхай илгээмж

나는 우체국에서 우표와 봉투를 사려고 한다.
Би шуудангаас марк, дугтуй авах гэж байна.

우표 марк

형은 오래전부터 우표를 수집하고 있다.
Ах эртнээс марк цуглуулж байгаа.

언니는 봉투에 우표를 붙이는 일을 합니다.
Эгч дугтуйнд марк наадаг ажил хийдэг.

운동 хөдөлгөөн

분자의 운동 속도는 물체의 온도에 좌우된다.
Молекулын хөдөлгөөний хурд биетийн хэмтэй зөрчилдөж байдаг.

평화 운동에 유명 작가들이 참여하고 있다.
Энх тайвны хөдөлгөөнд алдартай зохиолчид оролцож байна.

운동 спорт

동계스포츠
өвлийн спорт

어떤 운동을 하십니까?
Ямар спортоор хичээллэдэг вэ?

운동의 спортын

운동장, 운동기구
спортын талбай, спортын төхөөрөмж

운동경기
спортын тэмцээн

운전기사 жолооч

내 이웃은 택시 기사이다.
Манай хөрш таксины жолооч.

운전자
жолооч, жолоодогч

운하 суваг

우리나라에서는 많은 운하가 건설되어 있다.
Манай оронд олон суваг баригдаж байгаа.

운하의 물을 들로 보내고 있다.
Усыг сувгаар хээр тал руу урсгаж байгаа.

움직이다 хөдлөх

기선이 볼가강을 따라 상류로 천천히 움직이고 있다.
Уурын хөдөлгүүрт онгоц Волга мөрөн даган алгуурхан хөдөлж байна.

내 발이 움직여지지 않는다.
Миний хөл хөдлөхгүй байна.

웃다 инээх, шоолох

마지막에 웃는 자가 진짜 웃는 자이다.
Хамгийн сүүлд инээсэн нь үнэнээсээ инээж байдаг.

사람을 비웃는 것은 나쁘다.
Хүнийг шоолох муухай.

내가 그 이야기를 했더니 그는 크게 웃기 시작했다.
Би тэр тухай ярьтал тэр чангаар инээж эхэлсэн.

웃음 инээд

커다란 웃음 소리, 폭소
чанга инээх дуу, гэнэт инээх

우리는 옆 방에서 나오는 즐거운 웃음 소리를 들었다.
Бидний хажуугийн өрөөнөөс хөгжилтэй инээд сонсогдож байлаа.

나에게는 웃을 일이 아니다.
Миний хувьд инээх зүйл биш.

원인 учир шалтгаан

화재의 원인을 규명하지 못했다.
Гал түймрийн шалтгааныг тодорхойлж чадсангүй.

이 사건의 원인을 잘 밝혀야 한다.
Энэ хэргийн учир шалтгааныг сайн олох хэрэгтэй.

원자 атом

원자력은 평화적인 목적으로 이용되어야 한다.
Атомын эрчимхүчийг энх тайвны зориулалтаар ашиглах хэрэгтэй.

원자는 분자를 형성한다.
Атом нь молекулыг бүрдүүлдэг.

원자력 연구원을 짓고 있다.
Атомын цахилгаан станц барьж байна.

원천 рашаан, эх сурвалж, булаг

온천, 뉴스의 출처
халуун рашаан, мэдээний эх сурвалж

책은 지식의 근원이다.
Ном бол мэдлэгийн эх сурвалж.

원칙 зарчим

이것은 나의 원칙에 어긋난다.
Энэ миний зарчимтай нийцэхгүй байна.

사회주의 원칙은 '각자는 능력에 따라 일하고 노동에 따라 분배 받는다'이다.
Социализмын зарчим нь "чадлынхаа хэрээр ажиллаж, хөдөлмөрлөснийхөө хэрээр хувь хүртэнэ" гэсэн зарчим юм.

원하다 хүсэх

대지는 원하는 모든 것을 내준다.
Газар эх хүссэн бүгдийг өгдөг.

원하든 말든
хүссэн хүсээгүй

위대한 агуу

위인, 민주주의의 위대한 승리
агуу хүн, ардчиллын агуу ялалт

우리는 이 위대한 목표를 위해 모든 것을 해냈다.
Бид энэ агуу зорилтын төлөө бүх зүйлийг давж гарсан.

위성 дагуул

달은 지구의 위성이다.
Сар бол дэлхийн дагуул юм.

인공 위성의 도움으로 인간은 우주공간을 연구하고 있다.
Хиймэл дагуулын тусламжтайгаар хүн төрөлхтөн сансрын орон зайг судалж байна.

위에 дээр нь, дээр

책은 책상 위에 있다.
Ном ширээн дээр байна.

그녀는 책상 위에 편지를 놓았다.
Тэр эмэгтэй ширээн дээр захиагаа тавьсан.

위원회 хороо

선거위원회
сонгуулийн хороо

그는 군비축소 특위위원이다.
Тэр зэвсэглэлээр хөөцөлдөхийг багасгах онцгой хорооны гишүүн.

(〜를) 위하여 –ын төлөө

정의로운 사업을 위해
зохистой бизнесийн төлөө

당신의 건강을 위하여 이잔을 듭시다.
Таны эрүүл мэндийн төлөө энэ хундагыг өргөе.

위험한 аюултай

이것은 전혀 위험한 병이 아니다.
Энэ аюултай өвчин биш.

길이 위험해서 자동차들이 천천히 다녔다.
Зам аюултай байгаа учир машинууд удаан явж байна.

그는 이제야 자신이 처해 있는 상황이 아주 위험하다는 것을 깨달았다.
Тэр одоо л өөрийнх нь байгаа байдал маш аюултай гэдгийг ухаарч байна.

위협 аюул, занал

전쟁위험, 위험한상황
дайны аюул, аюултай байдал

여름은 너무 더워서 산불의 위험이 많았다.
Зун маш халуун байдгаас болж ойн түймэр гарах аюул ихэсдэг.

그 곳에 위험이 맞닥뜨렸다.
Тэр газар аюул гамшиг тохиолдлоо.

유감 харуусал

나는 아무런 유감없이 그 곳을 떠났다.
Би ямар ч харуусах зүйлгүй тэр газраас явсан.

그는 동정심이 들어 그 일을 했다.
Тэр харуусаж байсан болохоор энэ ажлыг хийсэн.

유니폼 дүрэмт хувцас

나는 제복을 입은 경찰을 만났다.
Би дүрэмт хувцастай цагдаатай уулзсан.

교복
сурагчийн дүрэмт хувцас

유리 шил

교무실 문은 유리로 되어 있다.
Багш нарын өрөө шилэн хаалгатай.

유리병
шил сав

유명한 алдартай

파티에서 유명한 시인이 연설을 했다.
Үдэшлэгт алдартай найрагч илтгэл тавилаа.

이 도시는 기념조형물로 유명하다.
Энэхот хөшөө дурсгалаараа алдартай.

6월 6 дугаар сар

6월에 학생들은 시험에 합격했다.
6 дугаар сард сурагчид шалгалтад тэнцсэн.

6 월초는 건조하고 더웠다.
6 дугаар сарын эхээр хуурай, халуун байсан.

유익한 ашигтай, унацтай

이것은 그에게 유익했다.
Энэ түүнд ашигтай.

의사는 건강에 유익한 상담을 해 주었다.
Эмч эрүүл мэндэд ашигтай зөвлөгөө өгөв.

유지하다 хамгаалах, хадгалах

이것을 나에 대한 추억으로 간직하세요.
Намайг дурсан үүнийг хадгалж яваарай.

그는 죽을 때까지 비밀을 유지했다.
Тэр үхэн үхтлээ нууцаа хадгалсан.

유행 загвар, мood

요즘은 그런 모자가 유행이다.
Сүүлийн үед тийм малгай моодонд орж байгаа.

그는 이 옷의 유행을 만들어 냈다.
Тэр энэ хувцасны загварыг бүтээсэн.

은행 банк

외환은행
арилжааны банк, гадаад валютын банк

나는 은행에 가야 한다.
Би банк явах хэрэгтэй байна.

은행에 돈을 저축하는 것은 유익하다.
Банкинд мөнгө хадгалуулах ашигтай.

음악 хөгжим

민족음악, 기악, 성악
үндэсний хөгжим, хөгжмийн зэмсэг, вокаль хөгжим

나는 라디오로 음악을 듣고 있다.
Би радиогоор хөгжим сонсож байна.

음악적 хөгжмийн

그 여자는 음악 학교에 입학했다.
Тэр бүсгүй хөгжмийн сургуульд элсэн орсон.

그는 음악적 재능이 대단하다.
Түүний хөгжмийн авьяас агуу.

의무 үүрэг

나는 이것을 나의 의무라고 생각한다.
Би үүнийг миний үүрэг гэж бодож байна.

사장님은 나에게 이 일을 해서 끝낼 의무를 주셨다.
Дарга надад энэ ажлыг хийж дуусгахыг үүрэг болгосон.

의미 агуулга, ач холбогдол

스포츠는 건강에 커다란 의미를 가진다.
Спорт бол эрүүл мэндэд их ач холбогдолтой.

교수님께서는 이 기사를 읽고 내용을 말하라고 하셨다.
Багш энэ өгүүллэгийг уншаад агуулгыг нь яриараарай гэсэн.

~의미이다 –утгатай

이 말은 무슨 뜻입니까?
Энэ үг ямар утгатай вэ?

이 글자들은 무엇을 의미하나요?
Энэ бичиг ямар утга агуулах вэ?

의복 хувцас

기성복
бэлтгэлийн хувцас, бэлэн хувцас

작업복은 간편해야 한다.
Ажлын хувцас энгийн авсаархан байх хэрэгтэй.

의사 эмч

소아과의사, 군의관, 주치의
хүүхдийн эмч, цэргийн эмч, нарийн мэргэшсэн эмч

그녀의 어머니는 소아과 병원 의사이다.
Тэр эмэгтэйн ээж хүүхдийн эмнэлгийн эмч.

의심 сэжиг, хар

의심의 여지 없이
сэжиглэх сэжүүргүй

여기에는 의심의 여지가 없다.
Үүнд сэжиглээд байх юм алга.

의자 сандал

그는 의자에 앉았다.
Тэр сандал дээр сууж байсан.

책상 주위에 예쁜 의자들이 있다.
Ширээний эргэн тойронд гоё сандал байна.

의장 дарга

그의 아버지는 국회의장이었다.
Түүний аав нь улсын их хурлын дарга байсан.

회의에서 공장노조위원장이 연설을 했다.
Хурал дээр үйлдвэрчний эвлэлийн дарга илтгэл тавьсан.

이 энэ

이 아이는 10살이고 저 아이는 12살이다.
Энэхүү 10 настай, тэрхүү 12 настай.

그는 바로 이 순간에 떠났다.
Тэр яг энэ үед явсан.

이용하다 ашиглах, хэрэглэх

그는 아직도 사전을 이용할 줄 몰랐다.
Тэр саяхныг хүртэл толь бичиг хэрхэн ашиглахаа мэддэггүй байсан.

그는 자신의 지위를 사적인 목적에 이용한다.
Тэр албан тушаалаа хувийн зорилгоор ашиглаж байна.

당신은 책을 쓰는 데 이 자료를 이용하실 수가 있을 겁니다.
Та номоо бичихдээ энэ материалуудыг ашиглаж болно.

이론 онол

이론은 실제에 강한 영향을 미친다.
Онол бол бодит байдалд хүчтэй нөлөө үзүүлдэг.

내 이웃은 음악 이론 전문가이다.
Манай хөрш хөгжмийн онолын мэргэжилтэн.

이름 нэр

이름이 알려진 사람, 명성, 명사, 형용사
олонд нэртэй хүн, алдар хүнд, нэр үг, тэмдэг нэр

당신의 이름이 무엇입니까?
Таны алдар/нэр хэн бэ?

이마 дух

넓은 이마
өргөн дух

머리 카락이 이마로 내려와 있다.
Үс нь дух руугаа унжиж байна.

이상하게 хачин, жигтэй, сонин

이것은 이상하게 들린다.
Энэ хачин сонсогдож байна.

당신이 여기에 대해 전에 생각해보지 않았다는 것은 이상합니다.
Та энэ талаар өмнө нь бодож байгаагүй гэхээр сонин юм даа.

이야기하다 ярилцах

이 문제에 대해 당신과 이야기를 잠시 나누었으면 합니다.
Энэ асуудлын талаар тантай түр ярилцах гэсэн юм.

당신은 그 사람하고 무슨 이야기를 그렇게 오래 했습니까?
Та тэр хүнтэй тийм удаан юу ярьсан юм бэ?

그는 우리에게 자기 신상에 대해 이야기했다.
Тэр бидэнд өөрийнхөө талаар ярьж өгсөн.

이웃 хөрш

그는 아파트 이웃에 살았다.
Манай байрны хөрш байлаа.

그는 이웃 집에 산다.
Тэр манай хөрш.

이웃 나라들
хөрш зэргэлдээ улс орнууд

2월 2 дугаар сар

그녀는 2월까지는 돌아와야 한다.
Тэр бүсгүй 2 дугаар сар гэхэд эргэж ирэх ёстой.

겨울방학은 2월 7일까지 계속된다.
Өвлийн амралт 2 дугаарсарын 7- ны өдөр хүртэл үргэлжилнэ.

이익 ашиг

그는 여기에서 아무런 이익을 얻지 못할 것이다.
Тэр эндээс ямар ч ашиг олж чадахгүй.

이 공장은 이익을 보며 다시 가동되고 있다.
Энэ үйлдвэр ашиг харж дахин үйлдвэрлэлээ явуулж эхэллээ.

이전 өмнөх

전처럼
Өмнөх шигээ

예전에 우리는 자주 만났다.
Бид өмнө нь байнга уулздаг байсан.

이해하다 ойлгох

당신 말씀을 잘 알겠습니다.
Таны хэлснийг сайн ойглолоо.

그는 예술을 알며 사랑하게 되었다.
Тэр урлагийг ойлгож хүндэлдэг.

이해할 수 없는 ойлгохын аргагүй, ойлгомжгүй

그들은 알아들을 수 없는 어떤 말로 이야기를 했다.
Тэд ойлгохын аргагүй нэгэн хэлээр ярилцсан.

이 글자는 이해할 수 없다.
Энэ бичиг ойлгомжгүй байна.

익숙해지다 дасах, дасан зохицох

나는 일찍 일어나는 것에 익숙해졌다.
Би эрт боссоор байгаад дасал болсон.

그는 기숙사 생활에 적응하기 어려웠다.
Дотуур байрны амьдралд дасан зохицоход түүнд хүнд байна.

인상 сэтгэгдэл

이것은 나에게 깊은 인상을 남겨 주었다.
Энэ надад гүн сэтгэгдэл төрүүлсэн.

나는 이 영화에 깊은 인상을 받았다.
Би энэ киноноос сэтгэлийн таашаал авсан.

우리 나라에 와서 어떤 인상을 받았나요?
Манай оронд ирээд таны сэтгэгдэл ямар байна вэ?

인쇄 хэвлэл

그의 책은 인쇄 중이다.
Түүний ном хэвлэлтэнд байгаа.

인쇄소
хэвлэлийн газар

일 ажил

그녀는 볼 일이 있어서 이 곳에왔다.
Тэр эмэгтэй энд ажилтай учраас ирсэн.

그는 어떤 일이라도 할 용기가 있다.
Тэр ямар ч ажлыг хийх зориг тэвчээртэй.

읽다 унших

그녀는 몽골어로 잘 읽는다.
Тэр эмэгтэй монголоор сайн уншдаг.

나는 대학에서 문학 강의를 하고 있다.
Би их сургуульд уран зохиолын лекц уншиж байгаа.

일반적으로 ерөнхийдөө

대체로 그는 그런 사람이야.
Тэр хүн ерөнхийдөө тийм л хүн.

일반적으로 그것은 옳다.
Ерөнхийдөө тэр нь зөв.

일어나다 үүсэх, босох

오늘 그녀는 일찍 일어났다.
Өнөөдөр тэр эрт боссон.

일어서지 마십시오. 저는 자리가 있습니다.
Боссоны хэрэггүй, надад суудал байна.

일어나다 үүсэх

거기에서 무슨 일이 일어나고 있습니까?
Тэнд ямар хэрэг үүсээд байгаа юм бол?

사람은 언제 생겨났을까?
Хүн хэзээ үүссэн бэ?

일요일 ням гариг

일요일에는 날씨가 좋을 것이다.
Ням гарагт цаг агаар сайхан байх байх.

일요일에는 대부분의 사람들이 쉰다.
Ням гаригт инэнх хүмүүс амардаг.

1월 1 дүгээр сар

그는 1월초에 이 곳에 왔다.
Тэр 1 дүгээр сарын эхээр энд ирсэн.

1월에 학생들은 시험을 치른다.
1 дүгээр сард сурагчид шалгалт өгдөг.

일정한 тогтсон, тогтмол

일정한 시간에, 일정한 조건하에서
тогтсон цагт, тодорхой нөхцөлтэйгээр

일정한 시간에 식사하는 것이 좋다.
Тогтмол цагт хооллох нь сайн.

일찍 эрт

오늘 우리는 일찍 일어났다.
Өнөөдөр бид эрт боссон.

점심을 먹기에는 아직 이르다.
Үдийн хоол идэхэд арай л эрт байна.

일하다 ажиллах

그녀는 도서관에서 근무하고 있다.
Тэр бүсгүй номын санд ажилладаг.

상점을 9시부터 5시까지 영업한다.
Дэлгүүр 9 цагаас 5 цаг хүртэл ажилладаг.

임무 үүрэг

이것은 우리의 임무가 아니다.
Энэ бидний үүрэг биш.

그는 중요한 임무를 수행했다.
Тэр чухал үүрэг гүйцэтгэсэн.

임시의 түр зуурын

6월에는 일기가 일시적으로 나빠지기도 한다.
6 дугаар сард цаг агаар түр зуур мууддаг тал бий.

오후에 잠깐 비가 온다고 한다.
Үдээс хойш түр зуурын бороо орно гэнэ.

입 ам

그 여자의 입은 아이 같아서 작고 예쁘다.
Тэр эмэгтэй хөөрхөн, ам нь хүүхдийнх шиг жижигхэн.

입 안이 말랐다.
Ам хатаж байсан.

입술 уруул

소녀의 입술이 떨리고 있었다.
Хүүгийн уруул чичирч байсан.

아이의 입술은 두텁고 발그스레하다.
Хүүхдийн уруул зузаан, улаан.

있다 байх

당신에게 빨간 연필이 있습니까?
Танд улаан харандаа байна уу?

나는 좋은 물건들을 가지고 있다.
Надад сайн эд зүйлс байгаа.

잉여의 илүүдэл, илүү

쓸데없는 이야기, 잉여인간
хэрэггүй, илүүдэл хүн

남는 표가 없습니까?
Илүү билет байхгүй юу?

잊다 мартах

우리는 그 사실을 완전히 잊어버렸다.
Бид тэр тухай таг мартчихсан байна.

나를 잊지 마세요.
Намайг битгий мартаарай.

잎 навч

땅이 낙엽으로 덮였다.
Газар навчаар хучигдсан байна.

가을이 되어 나뭇잎이 노래지고 있다.
Намар болоод модны навч шарлаж байна.

자 за

자, 이것이 전부다.
За, байгаа нь л энэ.

그래, 내가 네게 말해주겠다.
За, би чамд хэлж өгье.

자다 унтах

아이가 자고 있다.
Хүүхэд унтаж байна.

그는 세상 모르고 잔다.
Тэр бодож санах юмгүй унтаж байна.

자동차 машин

그는 자동차로 출퇴근 한다.
Тэр машинаар ажилдаа явдаг.

국가의 자동차 생산이 성장하고 있다.
Манай орны машины үйлдвэрлэл нэмэгдэж байна.

자라다 өсөх

우리는 이 도시에서 자라났다.
Бид энэ хотод өссөн.

아이들은 눈에 띄게 자란다.
Хүүхдүүд мэдэгдэхүйц өсч байна.

자랑하다 бахархах

이것은 자랑할 만한 일이다.
Энэ үнэхээр бахархмаар хэрэг шүү.

나는 아버지가 자랑스럽다.
Би аавааараа бахархдаг.

자본 хөрөнгө, капитал

금융자본, 유휴자본
санхүүгийн хөрөнгө, ашиглагдаагүй хөрөнгө/ эргэлтэнд ороогүй хөрөнгө

이 사업은 막대한 자본을 필요로 한다.
Энэ ажилд их хэмжээний хөрөнгө шаардагдана.

자본주의 국가에서 권력은 본가들이 쥐고 있다.
Капиталист нийгэмд хөрөнгөтнүүд эрх мэдлийг атгаж байдаг.

자신의 өөрийн

그녀는 자기 물건들을 받았다.
Тэр бүсгүй өөрийнхөө эд зүйлсийг авсан.

자기집, 자신의 뜻에 따라
өөрийн гэр, өөрийн бодлоор

자연 byagальь

자연의 법칙, 자연의 품 속에서
байгалийн хууль, байгаль эхийн өвөрт

인간은 자연과 싸우면서 스스로의 삶을 일구어 간다.
Хүн байгаль эхтэй тэрсэлдвэл өөрөө өөрийгөө устгаж байгаа хэрэг.

자유 эрх чөлөө

집회의 자유, 신앙의 자유
эрх чөлөөний цуглаан, эрх чөлөөт итгэл үнэмшил

우리는 언론의 자유를 위해 싸우고 있다.
Бид хэвлэлийн эрх чөлөөний төлөө тэмцэж байна.

작가 зохиолч

데. 가르마는 유명한 아동 문학가이다.
Д. Гармаа бол монголын алдартай хүүхдийн зохиолч.

학생들은 19세기 프랑스 작가들의 작품에 관한 강의를 듣고 있다.
Оюутнууд 19-р зууны францын зохиолчдын бүтээлийн талаар лекц сонсож байна.

작은 жижиг

하늘에는 크고 작은 별들이 많이 떠 있다.
Тэнгэрт том жижиг одод түгсэн байна.

그는 작은 개인 사업을 하고 있다.
Тэр хувийн жижиг аж ахуй эрхэлдэг.

작품 бүтээл

이 곳에서 그는 자신의 대표 작품들을 집필했다.
Энд тэр шилдэг бүтээлүүдээ туурвисан.

자신의 마지막 작품에 작곡가는 많은 시간을 들였다.
Хөгжмийн зохиолч маань сүүлийн бүтээлдээ их цаг зарцуулсан.

잔 аяга

차 한잔
аяга цай

그는 물 한잔을 들이켰다.
Тэр аяга ус залгиллаа.

짠 шорвог, давстай

국물이 너무 짜다.
Шөл их шорвог байна.

어떤 민족은 소금이 들어간 차를 마신다.
Зарим үндэстэн давстай цай уудаг.

짧은 богино

단기간, 근거리
богино хугацаа, богино гудамж

겨울에는 해가 짧아진다.
Өвөл өдөр богиносдог.

잠 нойр

그는 깊은 잠에 빠졌다.
Тэр гүн нойронд автжээ.

요즘 잠이 잘 들지 않는다.
Ойрдоо миний нойр хүрэхгүй байна.

잡다 барих

나를 꼭 잡아라.
Надаас сайн бариарай.

오늘 그는 하루 종일 고기를 잡았다.
Тэр өнөөдөр өдөржин загас барьсан.

잡지 сэтгүүл

주간지, 월간지
7 хоног тутмын сэтгүүл, сар тутмын сэтгүүл

신 시대를 반영하는 잡지가 나왔다.
Шинэ цаг үеийг тусгасан сэтгүүл гарсан.

장갑 бээлий

그는 장갑을 벗어서 외투 주머니에 넣었다.
Тэр бээлийгээ тайлаад гадуур хувцасныхаа халаасанд хийсэн.

작업용 장갑
ажлын бээлий

장관 сайд

차관, 내각
дэд сайд, танхим

이 문제는 노동부 장관 소관이다.
Энэ асуудал хөдөлмөрийн сайдын шийдэх асуудал.

장미 сарнай

들장미
талын сарнай

나는 흰 장미보다 붉은장미가 좋다.
Би цагаанаас илүү улаан сарнайд дуртай.

장편소설 роман

나는 톨스토이의 장편 "전쟁과 평화"를 러시아어로 읽었다.
Би Толстойн "Дайн ба энх" романыг оросоор уншсан.

그 작가는 좋은 소설을 몇 편 썼다.
Тэр зохиолч хэдэн сайхан роман бичсэн.

장화 усны гутал, хаймран гутал

긴 장화
урт түрийтэй хаймран гутал

아이들은 장화를 신는 것을 좋아한다.
Хүүхдүүд усны гутал өмсөх дуртай.

재능 авьяас

그는 대단한 재능을 가졌다.
Тэр их авьяастай.

그는 그림에 재능이 있다.
Тэр зураг зурах авьяастай.

재떨이 үнсний сав

그는 눈으로 재떨이를 찾았다.
Тэр нүдээрээ үнсний сав хайж байсан.

재떨이 있습니까?
Үнсний сав байна уу?

재료 түүхий эд, материал

현재 나는 새로운 책을 쓰기 위해 자료를 수집하고 있다.
Одоогоор би шинэ ном бичих гээд материал цуглуулж байгаа.

그녀는 외투를 만드는 재료를 샀다.
Тэр гадуур хувцас хийх материал авсан.

공장에서 재료를 만든다.
Үйлдвэрт түүхий эдийг боловсруулдаг.

재미있게 сонирхолтой

우리는 재미있게 시간을 보냈다.
Бид цагийг сонирхолтой өнгөрөөсөн.

단편은 상당히 재미가 있었다.
Богино өгүүллэг маш сонирхолтой байсан.

재산 хөрөнгө, өв хөрөнгө

그는 막대한 재산을 끌어 모으고 있다.
Тэр их хөрөнгө хураaж байгаа.

국유 재산, 사유 재산, 개인 재산
улсын хөрөнгө, хувийн өмчит хөрөнгө, хувийн хөрөнгө

재판 шүүх хурал

그 사람의 재판은 언제 열립니까?
Тэр хүний шүүх хурал хэзээ вэ?

그는 군사 재판을 받았다.
Тэр цэргийн шүүхээр орсон.

저녁 орой

음악의 밤, 매일 저녁에, 저녁에
хөгжмийн үдэш, орой бүр, оройд

그녀는 아침부터 저녁까지 일한다.
Тэр бүсгүй өглөөнөөс орой болтол ажилладаг.

저녁식사 оройн хоол

오늘 저녁은 무엇이오?
Өнөө оройн хоол юу вэ?

내 어머니는 손님을 위해 만찬을 마련했다.
Ээж маань зочдодоо зориулж оройн зоог бэлдсэн.

저울 жинлүүр

정밀저울, 손저울
нарийн жинлүүр, гар жинлүүр

저울이 100g을 가리킨다.
Жинлүүр 100 гр татаж байна.

적 дайсан

나에게는 적이 많다.
Надад дайсан олон байдаг.

모국을 전쟁으로부터 지키다.
Эх орноо дайснаас хамгаалах.

그들은 적군을 향해 돌진했다.
Тэд дайсны цэргийг чиглэн довтоллоо.

적극적 идэвхитэй

적극적 방어전, 적극적으로
чөлөөлөх дайн, идэвхитэйгээр

그는 이번 사업에 적극적으로 참여하였다.
Тэр энэ удаагийн ажилд идэвхитэй оролцсон.

전기의 цахилгааны

대부분의 공장들은 전력을 사용하고 있다.
Ихэнх үйлдвэр цахилгааны эрчим хүч ашигладаг.

전기를 절약해야 한다.
Цахилгааныг хэмнэх хэрэгтэй.

전등 гэрэл, чийдэн

스탠드
ширээний гэрэл

책상 위에 전등이 켜져 있다.
Ширээн дээр гэрэл асаалттай байна.

전부 бүгд, бүгдээрээ

온종일, 매한가지
бүхэл өдөржин/ өдөржингөө, бүгд адилхан

그것이 전부다.
Байгаа нь тэр бүгд.

전에 өмнө нь

기한 내에, 무엇보다 먼저
хугацаанаас нь өмнө, юу юунаас өмнө

전에 이 곳은 정원이었지만 지금은 새로운 공장들이 들어섰다.
Өмнө нь энэ газар цэцэрлэгт хүрээлэн байсан бол одоошинэ үйлдвэрүүд бий болж байна.

전쟁 дайн

사상전, 내전, 세계대전, 핵전쟁
түүхэн дайн, хүйтэн дайн, дэлхийн дайн, цөмийн дайн

그의 부친은 전쟁에 나가서 돌아오지 못했다.
Түүний төрсөн эцэг дайнд яваад эргэж ирээгүй.

전쟁의 дайны

전시
дайны үе

전쟁을 포고하다.
Дайн зарлах.

전차 танк

대전차
эсэргүүцэх танк/ сөрөх танк

그들은 전차를 향해 사격을 했다.
Тэд танк руу чиглүүлэн гал нээв.

전통 уламжлал

전통에 따라
уламжлалаа дагаад

전통 예절
уламжлалт ёс заншил

전투 тулаан

뽈따바 전투
Вордавын тулаан

전선
дайны бүс, тулааны бүс

전하다 дамжуулах, дайх

그는 당신에게 전하라고 아무것도 내게 주지 않았다.
Тэр танд дамжуулж өгөөрэй гэж надад юу ч өгсөнгүй.

당신은 그의 말을 옳게 전하고 있습니까?
Та түүний үгийг зөв дамжуулж байна уу?

나의 안부를 그에게 전해 주십시오.
Миний мэндийг түүнд дамжуулаарай.

전화 утас

몽골에서 전화 왔습니다.
Монголоос утасдсан.

그는 자기 책상에 앉아서 전화를 하고 있었다.
Тэр ширээн дээрээ суугаад утсаар ярьж байсан.

절대로 огт, огтоос

그것은 절대로 불가능하다.
Тэр бол огт боломжгүй.

그는 절대 거짓말을 하지 않는다.
Тэр огт худал хэлдэггүй.

절반 ихэнх, ихэнх нь

학생들의 절반이 시험에서 좋은 점수를 받았다.
Оюутнуудын ихэнх нь шалгалтандаа сайн дүн авлаа.

대부분의 학생들이 지금 쉬고있다.
Инэнх оюутнууд одоо амарч байгаа.

젊은 залуу

젊은 세대는 열심히 사려고 노력한다.
Залуу үеийнхэн сайхан амьдрахын тулд их хичээж байна.

그녀는 자기 나이보다 훨씬 젊게 보인다.
Тэр бүсгүй наснаасаа залуу харагддаг.

젊은이 залуудаа

그가 젊었을 때 우리는 이웃에 살았다.
Түүнийг залуу байхад бид хөрш амьдарч байсан.

그는 젊었을 때 멋진 청년이었다.
Тэр залуудаа сайхан залуу байсан.

점 цэг, гараа

출발점
хөдлөх гараа

점 A를 지나는직선을 그으시오.
А цэгийг дайруулаад шулуун шугам татна уу.

시작이 좋으면 끝도 좋다.
Гараа сайн бол бариа сайн.

점심 өдрийн хоол

식사 중에, 점심 초대
хооллох зуураа, өдрийн хоолны урилга

점심 드셨어요?
Та өдрийн хоолоо идсэн үү?

정말 үнэхээр

정말 그가 승낙하였나요?
Тэр үнэхээр ялсан уу?

정말 그게 사실이냐?
Тэр үнэхээр үнэн үү?

그는 정말 좋은 사람이다.
Тэр үнэхээр сайн хүн.

정부 засгийн газар

임시 정부
Түр засгийн газар

한국 정부는 평화조약의 초안을 공표했다.
Солонгосын засгийн газар энх тайвны хэлэлцээрийн төслийг нийтэллээ.

정상 дээд хэмжээ, дээд зэрэглэл

최정상에
хамгийн дээд зэргээр

정상급 호텔
дээд зэрэглэлийн зочид буудал

정원 цэцэрлэгт хүрээлэн

과수원, 식물원, 배꽃동산, 유치원
жимсний цэцэрлэг, ургамлын хүрээлэн, лийрийн төгөл, хүүхдийн цэцэрлэг

뜰에서 아이들이 놀고 있다.
Хүүхдүүд гадаа цэцэрлэгт тоглож байна.

정직한 шударга, үнэнч

정직한 사람들, 성실한 태도
шударга хүмүүс, үнэнч байдал

그녀는 정직하게 살아 간다.
Тэр бүсгүй шударгаар амьдардаг.

정책 бодлого

금융정책, 문호개방정책, 대내외정책
мөнгөний бодлого, нээлттэй хаалганы бодлого, гадаад дотоод бодлого

우리 나라는 평화 정책을 추구한다.
Манай улс энх тайвны бодлого баримталдаг.

정확한 тодорхой

정확한 시간, 정밀저울, 정확한 번역
тодорхой цаг, нарийн жинлүүр, оносон зөв орчуулга

더 정확히 말하면
илүү тодорхой хэлбэл

정확한 зөв, оносон, зүйтэй

충실한 친구, 정확한 결정
үнэнч найз, зөв шийдвэр

시계는 정확한 시간을 가리키고 있다.
Цаг зөв явж байна.

제도 тогтолцоо, дүрэм

사회 경제 제도, 문법구조
нийгмийн эдийн засгийн тогтолцоо, хэлзүйн бүтэц

그들은 새로운 국가 제도를 만들었다.
Тэд улсын шинэ тогтолцоог бүрдүүлсэн.

제방 далан

제방
үерийн далан

그들은 강에 댐을 건설하였다.
Тэд голын далангийн ажил хийсэн.

제품 бүтээгдэхүүн

기성품
бэлэн бүтээгдэхүүн

이 도시는 질 좋은 철제 품으로 유명하다.
Энэ хот чанартай төмөр бүтээгдэхүүнээрээ алдартай.

조건 нөхцөл

필수조건, 유리한조건, 자연조건
зайлшгүй нөхцөл, ашигтай нөхцөл, байгалийн нөхцөл

이것은 성공의 중요한 조건이다.
Энэ бол амжилтын чухал нөхцөл юм.

조용한 чимээгүй, тайван

그는 조용히 웃었다.
Тэр чимээгүй инээмсэглэв.

좀 조용히 해! 누가 온다.
Чимээгүй бай! Хүн ирж байна.

존경 хүндлэх, хүндлэл үзүүлэх

경의를 표하며, 존경을 받을 만한
хүндэтгэл илэрхийлэх, хүндлүүлэхүйц

그는 동료들에게 존경을 받는다.
Тэр хамт олныхоо хүндэтгэлийг хүлээдэг.

졸업 төгсөлт

졸업논문, 졸업시험, 졸업장
төгсөлтийн ажил, төгсөлтийн шалгалт, төгсөлтийн диплом

대학을 졸업하고 그는 고향으로 돌아가서 취직을 했다.
Сургуулиа төгсөөд тэр нутагтаа очиж ажилд орсон.

좁은 давчуу, умгар

우리는 좁은 길을 따라 걸었다.
Бид давчуу зам даган алхлаа.

집은 작고 좁은 골목 길에 있었다.
Гэр нь жижигхэн, умгар гудамжинд байдаг байсан.

종교 шашин

종교 개혁
шашны шинэчлэл, реформ

종교를 믿다.
Шашин шүтэх.

종이 цаас

나는 하얀 종이가 필요하다.
Надад цагаан цаас хэрэгтэй байна.

유가증권의 거래
үнэт цаасны арилжаа

종종 хааяа

그들은 종종 오랫동안 이야기를 나누곤 했다.
Тэд хааяа удаан хугацаар ярилцдаг.

이런 일은 종종 일어난다.
Иймэрхүү хэрэг хааяа үүсдэг.

종합병원 нэгдсэн эмнэлэг

종합 병원 의사를 불러주세요.
Нэгдсэн эмнэлгийн эмчийг дуудаж өгөөч.

지방 종합병원은 여러 전문의들을 고용하고 있다.
Орон нутгийн нэгдсэн эмнэлэгт олон мэргэжилтэн ажиллаж байгаа.

좋게 сайнаар, сайн

나는 그리 잘 이해하지 못하겠다.
Би тийм сайн ойлгохгүй байна.

항상 좋게 생각하여 살아야 한다.
Дандаа юмыг сайнаар бодож амьдрах хэрэгтэй.

좋아하는 дуртай

내가 즐기는 음식이다.
Миний дуртай хоол юм.

이것은 내가 좋아하는 단편이다.
Энэ миний дуртай өгүүллэг байна.

주 долоо хоног

다음 주에 오세요.
Дараа 7 хоногт ирээрэй.

1주일간의 휴가, 주간신문
7 хоногийн амралт, 7 хоног тутмын сонин

주다 өгөх

아버지는 매달 내게 돈을 주신다.
Сар бүр аав надад мөнгө өгдөг.

그가 그런 짓을 못하게 해 주십시오.
Түүнийг тийм юм хийхээргүй болгоод өгөөч.

주문하다 захиалах

무엇을 주문하셨습니까?
Юу захиалсан вэ?

한국의 인터넷 주문 제도가 아주 선진화 되었다.
Солонгосын интернет захиалга маш боловсронгүй.

주민 иргэн, оршин суугч

원주민들과 우리들은 가깝게 지낸다.
Уугуул оршин суугчидтай бид дотно байдаг.

주민등록증을 보여 주시겠어요?
Та оршин суугчин үнэмлэхээ үзүүлнэ үү.

주사기 тариа

주사바늘
тарианы зүү

주사를 맞다.
Тариа тариулах.

주소 хаяг

주소 불명
хаяг тодорхойгүй

당신의 주소를 알려주십시오.
Та хаягаа хэлж өгөөч.

주의 анхаарал

그는 강의를 열심히 듣고 있다.
Тэр лекцийг анхааран сонсож байна.

그는 아주 신중한 학생입니다.
Тэр маш анхааралтай оюутан.

주의를 끌다.
Анхаарлыг нь татах.

주인 эзэн

이 개는 분명 주인한테서 도망 나왔을 거야.
Энэ нохой эзэндээ хөөгдсөн нь гарцаагүй.

엄마는 훌륭한 안주인이었다.
Ээж маань гэрийн сайн эзэгтэй байсан.

주제 сэдэв, гарчиг

그는 새로운 테마에 몰두하고 있다.
Тэр шинэ сэдэв дээр ажиллаж байна.

클럽에서는 '평화투쟁과 국제협력'이라는 주제의 강연이 열렸다.
Клубт "Энх тайвны тэмцэл ба олон улсын хамтын ажиллагаа" гэсэн сэдэвтэй лекц болсон.

죽음 үхэл

죽을때까지, 극도로
үхтэлээ, үхэн үхтэл

죽음의 원인을 찾다.
Үхлийн шалтгааныг олох.

준비 бэлтгэл

군사훈련, 간부양성
цэргийн бэлтгэл сургуулилалт, удирдагч бэлтгэх

그들은 시험 준비를 하고 있다.
Тэд шалгалтанд бэлтгэж байна.

준비하다 бэлтгэх, бэлдэх

그는 지금 발표 자료를 준비중이다.
Тэр одоо илтгэлийн материалаа бэлдэж байна.

이 대학에서는 기자를 양성하고 있다.
Энэ их сургууль сэтгүүлчдийг бэлтгэдэг.

줄 эгнээ

줄을 바꾸어
эгнээгээ солиод

첫번째 줄
нэгдүгээр эгнээ

줄기 иш, мөчир

식물은 줄기와 잎으로 이루어져 있다.
Ургамал навч, мөчрөөс бүрддэг.

다람쥐가 한 가지에서 다른 가지로 뛰고 있다.
Хэрэм нэг мөчрөөс нөгөө мөчирт дүүлж байна.

중간의 дундын, явцын

9월 중순에, 평균 신장의 사람, 중세기, 중등교육
есдүгээр сарын дундуур, дундаж өндөртэй хүн, дундад зуун, дунд боловсрол

일의 진행 단계
ажлын явц

중심의 голын, төвийн

중심사상, 중앙난방
гол санаа, төвийн халаалт

실례합니다만, 중앙 우체국은 어떻게 갑니까?
Уучлаарай, төв шуудан руу яаж явах вэ?

중요한 чухал, гол

이것은 매우 중요한 문제이다.
Энэ маш чухал асуудал.

이것은 나에게는 매우 중요하다.
Энэ миний хувьд маш чухал.

중지 зогсоох

종점
эцсийн цэг, сүүлчийн зогсоол

경찰이 차를 중지시켰다.
Цагдаа машиныг зогсоосон.

즉시 тэр даруй, тэр дор нь, дорхноо

그는 즉시 모든 것을 깨달았다.
Тэрээр тэр даруй бүгдийг ухаарлаа.

그는 즉시 알아 차렸다.
Тэр дорхноол мэдсэн.

즉시 알려주워야 한다.
Нэн даруй мэдэгдэх хэрэгтэй.

즐겁게 хөгжилтэй

그들은 친구 집에서 즐거운 저녁을 보냈다.
Тэд найзынхаа гэрт оройг хөгжилтэй өнгөрөөлөө.

그는 매우 즐거운 청년이다.
Тэр маш хөгжилтэй залуу.

증가 нэмэх, өсөх

국민소득 증가, 임금 인상
хүн амын орлого нэмэгдэх, цалин нэмэгдэх

지점수를 늘려야만 합니다.
Салбар газруудаа нэмэх шаардлагатай.

증기 уур

물은 증기로 바뀐다.
Ус уур болон хувирдаг.

증기 기관차
уурын хөдөлгүүрт тэрэг

증명하다 нотлох

그는 자신이 옳다는 것을 증명할 수가 없었다.
Тэр өөрийнхөө зөв гэдгийг нотолж чадаагүй.

당신을 증명할 서류가 있나요?
Танд нотлох баримт байна уу?

지금 одоо

그는 대학을 마치고 현재 직장에 다닌다.
Тэр их сургуулиа дүүргээд одоо ажил хийдэг.

지금 우리는 방학이다.
Бид одоо амарч байгаа.

지나가다 өнгөрөх, өнгөрөн явах

기차가 간이역을 지나갔다.
Галт тэрэг завсрын буудлыг өнгөрсөн.

지금 기차가 다리를 통과하고 있다.
Галт тэрэг одоо гүүр өнгөрөөд явж байна.

지도 газрын зураг

나는 지도에서 이 도시를 찾았다.
Би газрын зургаас энэ хотыг олсон.

세계지도
дэлхийн газрын зураг

지도 удирдлага

공산당 지도하에
коммунист намын удирдлага дор

당신 그룹의 지도자는 누구입니까?
Танай багийн ахлагч хэн бэ?

지방의 орон нутаг, хөдөө нутаг

지방 풍속, 지역 주민
нутгийн ёс заншил, орон нутгийн оршин суугч

지금 현지시각 2시이다.
орон нутгийн цагаар 2 цаг болж байна.

지붕 дээвэр

새가 지붕 위에 앉아 있다.

Дээвэр дээр шувуу сууж байна.

차창에서 우리는 울긋불긋한 지붕의 집을 보았다.
Бид цонхоор тарлантсан дээвэртэй гэрийг харсан.

지식 мэдлэг

그는 문학에 조예가 깊다.
Тэр уран зохиолын өндөр мэдлэгтэй.

지식인
мэдлэгтэй хүн, эрдэмтэн

지지 дэмжлэг

그는 모든 회원의 열렬한 지지를 받았다.
Тэр бүх гишүүний халуун дэмжлэгийг авсан.

그의 제안은 참석자 전원의 지지를 받았다.
Түүний санал бүх оролцогчийн дэмжлэгийг авсан.

지평선 тэнгэрийн хаяа, хаяалбар

수평선 위로 배가 모습을 드러냈다.
Тэнгэрийн хаяаны дээгүүр завь бүртийж байна.

지평선이 붉다.
Тэнгэрийн хаяа улаан байна.

지하철 метро

지하철로 갑시다.
Метрогоор явцгаая.

지하철은 아침 6시부터 다닌다.
Метро өглөө зургаан цагаас явж эхэлдэг.

지혜 ухаан, мэдлэг

탁월한 지혜, 예지
цэцэн ухаан, зөн билиг

그는 지혜가 많은 사람이다.
Тэр цэцэн ухаантай хүн.

지휘하다 удирдах, захирах

누가 이 부대를 지휘하고 있습니까?
Энэ цэргийн ангийг хэн удирдаж байгаа вэ?

학술 연구를 지도하다.
Эрдмийн ажил удирдах.

직위 дэв зэрэг, албан тушаал

책임 있는 직위
хариуцлагатай албан тушаал

그는 고위직에 올랐다.
Тэр дээд албан тушаалд дэвшсэн.

직접적인 шууд, шууд байдлаар

그녀는 이 사건과 직접적인 관련이 있다.
Тэр эмэгтэй энэ хэрэгт шууд холбоотой.

이 일을 맡고 있는 사람한테 직접 말씀하세요.
Энэ ажлыг хариуцаж байгаа хүнд нь шууд хэлээрэй.

진보 дэвшил, хөгжил

우리 사회는 진보의 길을 가고 있다.
Манай нийгэм хөгжлийн замдаа явж байна.

사회 진보
нийгмийн дэвшил

질서 дэсдараа, дараалал

사회질서
нийгмийн дэс дараа

몽골어 알파벳 순서
цагаан толгойн үсгийн дэс дараалал

짐승 зэрлэг амьтан, амьтан

우리 숲에는 짐승들이 많다.
Манай ойд зэрлэг амьтад их байдаг.

그는 사람이 아니고 야수이다.
Тэр хүн биш амьтан.

집 гэр

집에서 편지가 왔습니다.
Гэрээс захидал ирсэн.

집에 가서 청소할 것이다.
Гэртээ хариад цэвэрлэгээ хийнэ.

이제 집에 갈 시간이다.
Гэр лүүгээ явах цаг болжээ.

짓다 барих, байгуулах

이 곳에 커다란 집을 짓고 있다.
Энэ газарт том гэгчийн гэр барьж байгаа.

우리는 새로운 사회를 건설하고 있다.
Бид шинэ нийгмийг бүтээн байгуулж байна.

차 цай

녹차, 홍차, 진한차
ногоон цай, хар цай, өтгөн цай

차 한잔 안 하실래요?
Аяга цай уухгүй юм уу?

차량 машин

화물차, 객차
ачааны машин, зочны машин

그는 자동차 공장에서 일한다.
Тэр машины үйлдвэрт ажилладаг.

차례 дараалал

순서에 따라, 무엇보다 먼저
ээлж дараалльн дагуу, хамгийн эхэнд

순서대로 들어오세요.
Дараалалаараа орно уу.

차지하다 эзлэх

군대가 도시를 점령했다.
Цэргүүд хотыг эзэлсэн.

우리 선수가 일등을 차지했다.
Манай тамирчин тэргүүн байр эзэлсэн.

착취 булаалт, мөлжлөг

인간에 의한 인간의 착취
хүн хүнээ мөлжих

착취 계급, 착취자
мөлжигч анги, мөлжигч

찬성하다 дэмжих

결코 당신의 의견에 찬성할 수가 없습니다.
Эцэст нь таны саналыг дэмжих арга алга даа.

교장은 그를 항상 찬성한다.
Захирал түүнийг байнга дэмждэг.

참가하다 оролцох

학교 전체가 경기에 적극 참여했다.
Сургууль даяараа тэмцээнд идэвхитэй оролцсон.

그는 내전에 참가했다.
Тэр хүйтэн дайнд оролцож байсан.

창조적인 бүтээлч

창조적인 노력, 창조력
бүтээлч идэвхи, бүтээлч хүч

노작가는 아직도 창작활동을 계속하고 있다.
Зохиолч нас дээр гарсан ч зохиол бүтээлийн ажлаа хийсээр байгаа.

찾다 хайх, олох

잃어버린 책을 찾았다.
Гээсэн номоо олсон.

당신은 무엇을 찾고 있습니까?
Та юу хайж байгаа юм бэ?

그는 필요한 책을 찾고 있다.
Тэр хэрэгтэй номоо хайж байгаа.

그녀는 오랫동안 직장을 찾았다.
Тэр эмэгтэй удаан хугацаагаар ажил хайсан.

나는 내 열쇠를 찾았다.
Би түлхүүрээ олсон.

책 ном

이 책은 아주 재미있다.
Энэ ном маш сонирхолтой.

책 가방, 서류 가방
номын цүнх/ хичээлийн цүнх, бичиг хэргийн цүнх

책상 ширээ

식사 때, 원탁회의
хоолны үеэр, дугуй ширээний хурал

개가 책상 밑에 엎드려 있다.
Нохой ширээн доор мөлхөж байна.

책임 хариуцлага

자신이 책임지고, 임무의 책임
өөрөө хариуцаад, ажлын хариуцлага

나는 이 일에 전적인 책임을 지고 있다.
Би энэ ажлын бүх хариуцлагыг үүрч байгаа.

일에 대한 책임감이 강한 사람.
Ажлын хариуцлага сайтай хүн.

챔피언 аварга

그는 100 m 달리기 세계 챔피언이다.
Тэр 100 метрийн гүйлтийн дэлхийн аварга.

대통령이 챔피언이 되는 선수들을 만나 축하를 해 주셨습니다.
Ерөнхийлөгч аварга болсон тамирчдыг хүлээн авч уулзаж баяр хүргэлээ.

천장 тааз

그는 천장이 낮은 방에서 살고 있다.
Тэр намхан таазтай өрөөнд амьдардаг.

천장에 파리가 앉아 있다.
Таазан дээр ялаа сууж байна.

철 төмөр

이것은 철 제품이다.
Энэ бол төмөр эдлэл.

방안에 철제 침대가 있다.
Өрөөнд төмөр ор байна.

철학 философи

그는 철학사 교재를 저술했다.
Тэр философийн сурах бичиг бичсэн.

철학논문, 철학자
философийн илтгэл, философич

첫번째의 анх удаагийн, анхны

9월초에, 상반기, 처음으로
есдүгээр сарын эхээр, эхний хагас, анх удаа

첫사랑
анхны хайр

첫째로 хамгийн эхэнд, нэгдүгээрт

첫째로 그는 젊고, 그리고 둘째로 힘이 세다.
Нэгдүгээрт тэр залуу, хоёрдугаарт хүчтэй.

이 내용을 첫째로 쓰세요.
Энэ агуулгыг эхэнд бичээрэй.

청년 залуу, хөвгүүн

그는 좋은 청년이다.
Тэр сайн залуу.

나는 20살 가량의 청년을 만났다.
Би 20 орчим насны залуутай уулзсан.

청하다 хүсэх, гуйх

그녀는 나에게 도움을 청했다.
Тэр эмэгтэй надаас тусламж хүссэн.

그에게 부탁하지마라.
Түүнээс бүү гуй.

체계 систем, тогтолцоо

철학체계, 선거체계
философийн систем, сонгуулийн тогтолцоо

그들은 일정한 체계에 따라 일하고 있다.
Тэд тогтсон системийн дагуу ажиллаж байна.

초인종 хонх

웬일인지 벨이 울리지 않았다.
Яасан юм бол, хонх дуугарсангүй.

나는 벨소리를 듣지 못했다.
Би хонхны дууг сонссонгүй.

최종적으로 хамгийн сүүлд, эцсийн байдлаар

그것은 최종적으로 결정되었다.
Тэр зүйл эцсийн байдлаар шийдэгдсэн.

마지막으로 다시 한번 묻겠습니다.
Хамгийн сүүлд дахин нэг асууя.

추운 хүйтэн

찬 바람
хүйтэн салхи

몽골의 겨울 밤은 춥다.
Монголын өвлийн шөнө хүйтэн байдаг.

축구 хөл бөмбөг

그들은 축구를 한다.
Тэд хөлбөмбөг тоглодог.

축구공
хөлбөмбөгийн бөмбөг

축제 баяр, наадам

영화제
кино наадам

학생축제
оюутны наадам

축하 баяр хүргэх

성공을 축하 드립니다.
Амжилт гаргасанд тань баяр хүргэе!

졸업을 축하해요.
Төгсөж байгаад чинь баяр хүргэе!

춤 бүжиг

무용학교, 무도회
бүжгийн сургууль, үдэшлэг

그는 무용 교사이다.
Тэр бүжгийн багш.

충고 зөвлөгөө

누이의 충고에 따라 그는 이 책을 읽었다.
Эгчийнхээ зөвлөсний дагуу тэр энэ номыг уншсан.

충고를 받다.
Зөвөлгөө авах.

충분히 хангалттай

시간은 아주 넉넉하다.
Хангалттай цаг байна.

이 일은 두 사람이면 충분하다.
Энэ ажилд хоёр хүн байхад хангалттай.

취한 согтсон, хэтрүүлсэн

그는 취했다.
Тэр согтсон.

술 취한 사람이 비틀거린다.
Архинд согтсон хүн гуйвж дайвдаг.

층 давхар

나는 그와 같은 층에서 살고 있다.
Би түүнтэй нэг давхарт амьдардаг.

친구는 같은 동 바로 밑 층에 산다.
Найз маань манай яг доод давхарт амьдардаг.

사회 계층
нийгмийн давхарга

친구 найз

나는 그와 절친한 친구이다.
Би түүнтэй дотно найз.

그는 아주 많은 친구가 있다.
Тэр маш олон найзтай.

침대 ор

환자는 반드시 침대에 누워 있어야 한다.
Өвчтөн заавал орон дээр хэвтэх хэрэгтэй.

간호원이 환자 침대에 앉았다.
Сувилагч өвчтөний орон дээр суусан.

침략 довтлох, дайралт

침략 전쟁, 침략자
довтлох дайн, довтлогч

침략에 대항하여 싸워야만 한다.
Дайралтыг эсэргүүцэн тэмцэх ёстой.

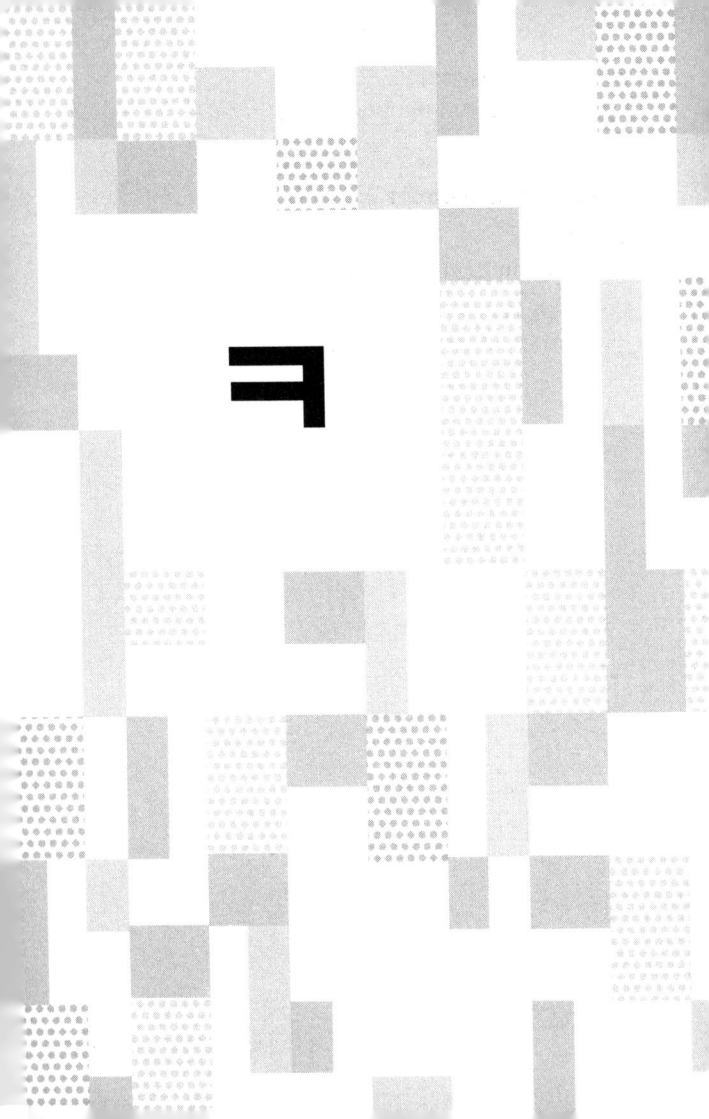

칼 хутга

식칼
хоолны хутга

칼가는 사람
хутга ирлэгч

커다란 том, өндөр

우리는 커다란 새 집에 살고 있다.
Бид томоос том шинэ гэрт амьдарч байна.

커다란 성과
том амжилт

커피 кофе

나는 아침에만 커피를 마신다.
Би өглөө л кофе уудаг.

커피포트
кофе чанагч

코 хамар

그는 코피를 흘리고 있다.
Түүний хамраас цус гарч байна.

코를 틀어 막다.
Хамар битүүрэх.

콧수염 сахал, дээд уруулын сахал

그는 콧수염을 기른다.
Тэр сахлааургуулдаг.

그 아이는 콧수염이 난 사람을 좋아하지 않는다.
Тэр хүүхэд сахалтай хүнд дургүй.

크기 хэмжээ

크기를 좀 줄여서 붙이세요.
Хэмжээг нь багасгаад явуулаарай.

이 구획의 크기는 어느 정도입니까?
Энэ зааглах хэмжээ хэд орчим бэ?

큰소리로 чанга дуугаар, өндөр дуугаар

아래 층에서 아내가 큰 소리로 누군가와 말하고 있다.
Доод давхарт эхнэр хэн нэгэнтэй чанга дуугаар ярилцаж байна.

그 학생을 큰 소리로 발표를 하고 있었다.
Тэр оюутан чанга дуугаар илтгэж байлаа.

클럽 клуб

오늘 클럽에서 연주회가 열린다.
Өнөөдөр клубт тоглолттой.

이 골목을 클럽이 많은 것으로 알고 있다.
Энэ гудамжыг клуб ихтэйгээр нь мэдэх юм байна.

키 нуруу, өндөр

그의 아버지는 키가 아주 크다.
Түүний аав их өндөр нуруутай.

알타이 산맥
алтайн нуруу

킬로그램 килограмм

고기 2kg 주세요.
Хоёр кг мах өгөөч.

사과 1kg 얼마에요?
Алим нэг кг нь ямар үнэтэй вэ?

킬로미터 километр

다음 정거장까지 4km 밖에 남지 않았다.
Дараагийн зогсоол хүртэл дөрвөн км лүлдсэн.

우리가 몇 킬로미터를 더 가야 도착합니까?
Бид хэдэн километр явж байж хүрэх вэ?

타격 цохилт

일격에, 아군의 공격을 받고
нэг цохилтоор, манай цэргийн дайралтанд өртөж

그는 얼굴에 무시무시한 타격을 맞고 쓰러졌다.
Тэр нүүрэндээ цохиулаад ухаан алдаж унасан.

탄환 сум, зэвсэг

탄환이 과녁에 명중했다.
Сум байгаа оносон.

핵무기를 실험하다.
Цөмийн зэвсэг турших.

태양 нар

해는 벌써 졌다.
Нар аль хэдийн жаргасан.

학자들이 태양을 관측하고 있다.
Эрдэмтэд нарны ажиглалт хийж байна.

태양의 нарын

태양계, 양지쪽
нарны аймаг, нар туссан тал/ нарантал

지구는 태양계의 한 혹성이다.
Дэлхий бол нарны системийн нэгэн гариг.

태어나다 төрөх

그는 1963년에 서울에서 태어났다.
Тэр 1963 онд Сөүлд төрсөн.

여성에 대한 사랑으로부터 지상의 모든 아름다움이 태어났다.
Эмэгтэй хүний хайраас эх дэлхийн бүх гоо сайхан төрдөг.

택시 такси

택시를 불러주세요.
Такси дуудаад өгөөч.

역에서 우리는 택시를 타고 집에 왔다.
Метроны буудлаас бид гэр лүүгээ таксигаар ирсэн.

턱 эрүү

그의 턱은 뾰족하다.
Тэр шөвгөр эрүүтэй.

그 병원에 턱 수술을 받는 사람들이 많다.
Тэр эмнэлэгт эрүүний мэс засал хийлгэсэн хүүхнүүд олон бий.

우리 할아버지는 턱 수염을 길게 기르신다.
Манай өвөө эрүүний сахлаа урт ургуулдаг.

텔레비전 зурагт

그는 TV 스포츠 프로그램을 좋아한다.
Тэр зурагтаар спортын нэвтрүүлэг үзэх дуртай.

내일 TV에서 오케스트라 연주가 방영될 것이다.
Маргааш зурагтаар найрал хөгжмийн тоглолт гарна.

톤 тонн

아직 10톤의 화물이 남아 있다.
Ердөөл10 тоннын ачаа үлдсэн.

이 물건이 30톤 컨테이너에 들어갑니까?
Энэ бараа 30 тонны контейнорт багтах уу?

통제 статистик

생산에 대한 통제
үйлдвэрлэлийн статистик

우리 형은 통제자로 일하신다.
Манай ах статистикч хийдэг.

투쟁 тэмцэл

계급투쟁, 생존경쟁
ангийн тэмцэл, амьд үлдэхийн төлөөх тэмцэл

그들은 반전 투쟁을 하고 있다.
Тэд дайныг эсэргүүцэн тэмцэж байна.

투표 санал хураалт

부의장이 문제를 투표에 부쳤다.
Дэд захирал асуудлыг санал хураалтанд оруулаа.

여론 투표
бүх нийтийн санал хураалт

트랙터 трактор

우리 공장에서는 트랙터를 생산하고 있다.
Манай үйлдвэр трактор үйлдэрлэдэг.

들판에서 트랙터들이 일을 하고 있다.
Талд тракторууд ажиллаж байна.

트렁크 ачааны тэвш, авдар, сав

그는 오른손에 작은 트렁크를 들고 있다.
Тэр баруун гартаа жижиг сав барьсан байна.

그의 물건이 차 트렁크에 실려 있었다.
Түүний бараа машины ачааны тэвшин дээр байна.

특성 ялангуяа, онцлог чанар

이 실험실 연구의 기본적 특성은 생산과 긴밀한 관계가 있다는 것이다.
Энэ туршилтын ерөнхий онцлог нь үйлдвэрлэлтэй нягт холбоотой гэдэгт байгаа юм.

모든 사물은 많은 특성이 있고 그 특성 속에 사물의 성질이 나타난다.
Бүх зүйлд өөрийн гэсэн онцлог шинж байдаг, тэр онцлог зүйлд нь тухайн биетийн уг чанар оршиж байдаг.

특수한 онцгой, тусгай

특강, 신문특간, 특수학교
тусгай лекц, сонины тусгай дугаар, тусгай сургууль

우리 학교에 동아일보 특파원이 왔다.
Манай сургуульд "ДунаИлбу" сонины тусгай сурвалжлагч ирсэн.

특히 ялангуяа

이 문제는 특히 중요하다.
Ялангуяа энэ асуудал маш чухал.

이 문제는 내게 특히 중요하다.
Ялангуяа энэ асуудал миний хувьд чухал.

틀림없이 зайлшгүй, яалт ч үгүй, дамжиггүй

울란바타르에서 틀림없이 그녀에게 무슨 일이 일어났다.
Улаанбаатарт тэр эмэгтэйд яалт ч үгүй нэг юм тохиолдлоо.

그는 반드시 오게 될 것이다.
Тэр гарцаагүй ирэх болно.

팀 баг

대학 배구팀은 시 경기에 나갔다.
Их сургуулийн воллейболын баг хотын тэмцээнд оролцсон.

우리 팀은 금메달을 땄다.
Манай баг алтан медал авсан.

II

파괴 сүйтгэх, сөнөөх

작은 도시를 거의 완전히 파괴했다.
Жижиг хотыг бараг л юу ч үгүй сүйтгэсэн.

파괴행위
сүйтгэх үйлдэл

파도 давалгаа

바다에는 거대한 파도가 치고 있다.
Далайн давалгаа сүртэй байна.

바람 소리와 강한 파도 소리 때문에 잠을 설쳤다.
Салхины чимээ, далайн давалгааны хүчтэй чимээнээс болоод нойр хулжсан.

파란 цэнхэр, цэнхэр өнгийн

그녀는 푸른 하늘을 바라보았다.
Тэр эмэгтэй хөх тэнгэрийг ширтэн харж байна.

그녀는 파란 색이 아주 돋보인다.
Тэр бүсгүйд цэнхэр өнгө гоё зохидог.

파리 ялаа

부엌에 파리가 많다.
Гал тогооны өрөөнд ялаа олон байна.

방에 파리가 많이 있어서 잠을 잘 수가 없었다.
Өрөөнд ялаа их байснаас унтаж чадсангүй.

파이프 хоолой

수도관, 공장파이프
усны хоолой, үйлдвэрийн хоолой

근로자들이 가스 파이프를 설치하고 있다.
Ажилчид хийн хоолой угсарч байна.

판매원 худалдагч

신발 매장에는 경험 있는 판매원들이 근무한다.
Гутлын дэлгүүрт туршлагатай худалдагч нар ажилладаг.

그 여성은 백화점에서 판매원을 한다.
Тэр бүсгүй их дэлгүүрт худалдагч хийдэг.

팔백 найман зуу

우리 학교 학생 수는 약 800명이다.
Манай сургуулийн оюутны тоо ойролцоогоор 800 орчим.

나한테 800달러를 빌려줄 수 있니?
Надад 800 доллар зээлж чадах уу?

퍼센트 процент, хувь

그들은 계획을 150% 달성했다.
Тэд төлөвлөгөөгөө 150 хувьд хүргэж давуулан биелүүлсэн.

그들은 100% 출판했다.
Тэр номыг 100 хувь хэвлэсэн.

편지 захиа

그는 오랫동안 그녀에게서 편지를 받지 못했다.
Тэр бүсгүйгээс захиа аваагүй удаж байсан.

그녀는 편지를 우체통에 넣었다.
Бүсгүй захиагаа шуудангийн хайрцагт хийсэн.

편집 засах, редакторлах

사전은 저명 교수의 감수로 간행되었다.
Толь бичигийг нэртэй багшийн редакторласнаар хэвлүүлсэн.

편집, 주필
хянан засварлагч, редактор

평방의 квадратын, талбайн хэмжээ

2차 정식, 평방미터
хоёрдугаар тэгшитгэл, квадратметр

이 건물의 면적은 어떻게 됩니까?
Энэ барилгын талбайн хэмжээ хэд вэ?

평화적인 энх тайвны

평화공존, 평화통일
энх тайвнаар зэрэгцэн орших, энх тайвны нэгдэл

그들은 평화적인 방법으로 문제를 해결했다.
Тэд энх тайвны замаар асуудлыг шийдсэн.

페이지 хуудас

이 책은 200쪽으로 되어 있다.
Энэ ном 200 хуудастай.

책의 100쪽을 펴라.
Номынхоо 100-рхуудасыг нээ.

펜 үзэг

새 펜을 주세요, 저번 것은 잃어버렸어요.
Шинэ үзэг өгөөч, үзэгээ гээчихлээ.

여기에는 펜으로 쓸 수 없다.
Үүн дээр үзгээр бичиж болохгүй.

포도 усан үзэм

집 주변에 포도나무가 자라고 있다.
Гэрийн эргэн тойронд усан үзмийн мод ургаж байна.

나는 한국 포도를 좋아한다.
Би солонгос усан үзэмд дуртай.

포도주 усан үзэмийн дарс

그는 포도주를 마시고 흠뻑 취했다.
Тэр усан үзэмийн дарс уугаад шал согтсон.

좋은 포도주는 선물용으로 잘 나간다.
Сайн усан үзэмийн дарсыг бэлгэнд өгөхөөр их авдаг.

포병 их буу

포공격
их буугаар галлах

그는 포병이다.
Тэр их буугаар буудагч.

포크 сэрээ

고기와 생선은 포크로 먹는다.
Мах болон загасыг сэрээгээр иддэг.

유치원에서 아이들은 식탁에서의 포크와 나이프 사용법을 배운다.
Цэцэрлэгт байхдаа хүүхдүүд хутга, сэрээг яаж барьж хэрэглэхийг сурдаг.

폭발 тэсрэх, дэлбэлэх

폭소, 분노의폭발
инээдээ барьж чадахгүй байх, уур нь дэлбэрэх

공장에서 가스가 폭발했다.
Үйлдвэрт хий дэлбэрсэн.

표 билет, тасалбар

우리는 극장 표 두장을 샀다.
Бид театрын хоёр билет авсан.

기차 표는 철도 매표소에서 구입하거나 전화로 예약할 수 있다.
Галт тэрэгний тасалбарыг төмөр замын билетийн кассаар авах юм уу эсвэл утсаар захиалж авч болно.

표시하다 тэмдэглэх, тодруулах

나는 책의 필요한 곳에 표시를 했다.
Би номын хэрэгтэй гэсэн хэсгийг тэмдэглэсэн.

중요한 부분을 내가 표시해줄게요.
Чухал хэсгийг нь би тэмдэглээд өгье.

표현하다 илэрхийлэх

나는 아직 나의 생각을 몽골어로 정확하게 표현하는 것이 어렵다.
Надад монголоор санаа бодлоо тодорхой илэрхийлэхэд хүнд байна.

여기에는 무엇이 표현되어 있습니까?
Энд юуг илэрхийлсэн байгаа вэ?

푸른 цэнхэр, хөх

파란 눈
цэнхэр нүд

푸르고 맑은 하늘이 우리 위에 펼쳐졌다.
Цэлмэг хөх тэнгэр бидний дээр байна.

풀 өвс

우리는 풀 밭에 앉았다.
Бид өвсөн дээр суусан.

그는 길을 따라서 걷지 않고 풀 밭으로 걸어갔다.
Тэр замаар биш, өвстэй талбайгаар алхаж явсан.

품질 чанар

품질 개선 운동
чанарыг шинэчлэх хөдөлгөөн

생산품의 품질은 중요하다.
Бүтээгдэхүүний чанар чухал.

피 цус

그녀의 손가락에서 피가 나고 있다.
Тэр бүсгүйн хуруунаас цус гарч байна.

그의 피 검사 결과가 나왔다.
Түүний цусны шинжилгээний хариу гарчээ.

피곤하다 ядрах

나는 오랜 여행으로 피곤하다.
Би удаан аялснаас болж ядарч байна.

나는 피곤하면 바로 잡니다.
Би ядарвал шууд унтдаг.

피아노 төгөлдөр хуур

무대에 피아노가 놓여 있다.
Тайзан дээр төгөлдөр хуур байрлуулсан байна.

소녀는 피아노를 아주 잘 친다.
Хүү төгөлдөр хуур маш сайн тоглодог.

피우다 татах, уугиулах

담배 피우십니까? 아니요, 피우지 않습니다.
Тамхи татдаг уу? Үгүй ээ, татдаггүй.

이 곳은 금연 지역이다.
Энэ тамхи татах хориотой бүс.

필요하다 хэрэгтэй

나에게 종이와 연필이 필요하다.
Надад цаас харандаа хэрэгтэй байна.

이 일에는 많은 시간이 필요하다.
Энэ ажилд их цаг хэрэгтэй.

이것은 필요한 것 모두이다.
Хэрэгтэй байгаа зүйл энэ бүгд.

~하게 되다 -болох

도시는 새롭고 거대해져 갔다.
Хот шинэ, том хот болон тэлж байна.

그는 의사가 되기를 원한다.
Тэр эмч болохыг хүсдэг.

하나 нэг

질문이 하나 있습니다.
Нэг асуулт байна.

한 아가씨가 당신을 만나고 싶어합니다.
Нэг эмэгтэй тантай уулзахыг хүсэж байна.

하나의 нэг, нэгдэх, нэгэн

단일체제, 동일한목적, 단숨에
нэгдсэн систем, санаа нийлсэн зорилго, нэг амьсгаагаар

그들은 통일 전선을 결성했다.
Тэд нэгдэх фронтыг байгуулсан.

하늘 тэнгэр

하늘엔 달이 없었다.
Тэнгэрт саргүй байсан.

밤 하늘에 별들이 반짝인다.
Шөнийн тэнгэрт одод гялалзаж байна.

하다 хийх

무엇을 할 것인가?
Юу хийх юм бэ?

와인은 포도로 만든다.
Дарсыг усан үзмээр хийдэг.

~하다 –хийх, чадах

그녀는 오래 공부를 했지만 모두 끝 마치지는 못했다.
Тэр эмэгтэй удаан хугацаагаар сурсан ч бүгдийг нь дуусгаж чадаагүй.

노력을 많이 하면 안 되는 일이 없다.
Хичээвэл болохгүй зүйл гэж үгүй.

하루 өдөр, нэг өдөр

하루에 2리터 이상 물을 먹는 것이 건강에 좋다.
Өдөрт 2 литрээс дээш ус уух нь эрүүл мэндэд тустай.

하루 동안 환자는 아무것도 못 먹었다.
Нэг өдрийн турш өвчтөн юу ч идсэнгүй.

하얀 цагаан

그녀는 하얀 드레스를 입고 있다.
Бүсгүй цагаан даашинз өмссөн байна.

나는 흰 빵을 좋아한다.
Би цагаан талханд дуртай.

학교 сургууль

초등학교, 중학교, 신학파
бага сургууль, дунд сургууль, шашны сургууль

내일 학교에 수업이 없다.
Маргааш сургууль дээр хичээлгүй.

학부 тэнхим, факультет

그는 외국어 학부에 다닌다.
Тэр гадаад хэлний факультетэд сурдаг.

여름에 대학 지리학부 학생들은 실습을 나간다.
Зун их сургуулийн газар зүйн факультетийн оюутнууд дадлагад гардаг.

학생 оюутан

학생들이 시험을 치렀다.
Оюутнууд шалгалтаа өгсөн.

그는 물리학부 학생들에게 강의를 하고 있다.
Тэр физикийн факультетийн оюутнуудад лекц уншиж байгаа.

선생은 이 학생의 태도가 불량해서 방과 후에 남게 했다.
Энэ сурагч хичээлдээ муу учраас багш нь анги улираасан.

초등 학생은 귀엽다.
Бага ангийн сурагч хөөрхөн байдаг.

학자 эрдэмтэн

학위, 뛰어난 학자
эрдмийн зэрэг, гарамгай эрдэмтэн

그는 시인이자 위대한 학자이다.
Тэр яруу найрагч төдийгүй аугаа эрдэмтэн.

한국의 солонгосын

한국의 도자기는 세계적으로 유명하다.
Солонгосын ваар дэлхийд алдартай.

한국인들이 부지런하다.
Солонгос хүмүүс ажилсаг.

한개 반 нэгийн хагас, нэг зүйлийн тал

일년반, 한세기반
нэг жил хагас, бүтэн зууны хагас

그는 1시간반 전에 떠났다.
Тэр цаг хагасын өмнө явсан.

한 켤레 нэг хос, хос

장갑 한 켤레, 바지 한 벌, 연인 한 쌍
хос бээлий, нэг өмд, хайртай хос

나는 검은 구두 2켤레가 있다.
Надад хоёр хос хар гутал бий.

~할 수 있다 –ж чадна.

그는 100kg를 들어 올릴 수 있다.
Тэр 100 кг өргөж чадна.

그는 오늘이라도 올 수가 있다.
Тэр өнөөдөр ч гэсэн ирж чадна.

할아버지 өвөө

이것은 우리 할아버지 사진이다.
Энэ манай өвөөгийн зураг.

우리 할아버지는 시골에 계신다.
Манай өвөө хөдөө амьдардаг.

함께 хамт

처와 함께 댁을 찾아 뵙겠습니다.
Эхнэртэйгээ хамт танайд очно.

모두 함께
бүгд хамтдаа

합의 эвлэрэх, тохиролцох

쌍방 합의에 따라, 평화 협정
хоёр талын эвлэрлийн дагуу, энх тайвны хэлэлцээр

이 일은 그와의 합의에 따라 해야 한다.
Энэ ажлыг түүнтэй тохиролцсоны дагуу хийх хэрэгтэй.

항공 агаарын

그는 항공 기술 대학을 졸업했다.
Тэр агаарын техникийн сургууль төгссөн.

항공 우편
агаарын шуудан

항구 боомт

선박이 항구에 정박해 있다.
Завь боомтонд зангуугаа буулгаж байна.

우리 상선은 여러 외국 항구에 기항한다.
Манай худалдааны хөлөг онгоц гадаадын олон боомтонд зогсдог.

항상 үргэлж, дандаа

평상시와 같이, 항상 그렇다.
Энгийн үе шигээ, үргэлж тэгдэг.

내게 책은 항상 아주 좋은 친구가 될 것이다.
Миний хувьд ном үргэлж миний сайн найз байх болно.

해결하다 шийдэх

이것이 그녀의 운명을 결정한다.
Энэ бол тэр эмэгтэй хувь заяаг шийднэ.

내가 이 문제를 옳게 해결하였음이 판명되었다.
Би энэ асуудлыг зөв шийдсэн гэдэг нь т одорхой болсон.

해답 хариулт

이 문제는 2개의 해답이 있다.
Энэ асуултанд хоёр янзын хариулт байна.

그는 모든 물음에 올바르게 답했다.
Тэр бүх асуултанд зөв хариулсан.

해안 далайн эрэг

이 도시는 바닷가에 있다.
Энэ хот далайн эрэгт байдаг.

해안도시, 해안선
далайн эргийн хот, эргийн шугам

해야한다 –х хэрэгтэй

학생들은 열심히 공부해야 한다.
Оюутнууд хичээлээ идэвхитэй хийх хэрэгтэй.

우리는 모든 난관을 극복해야 한다.
Бид бүх хэцүү бэрхийг давах хэрэгтэй.

핵 цөм

핵반응, 핵무기, 핵연료, 핵전쟁
цөмийн эсэргүүцэл, цөмийн зэвсэг, цөмийн түлш, цөмийн дайн

핵 연구소에서는 원자력의 평화적 이용 가능성을 연구한다.
Цөмийн судалгааны төв атомын эрчим хүчийг энх тайвны зориулалтаар ашиглах боломж байгаа эсэхийг судалж байна.

행동하다 хөдлөх, үйлдэл хийх/гаргах

우리는 앞으로 어떻게 행동해야 할 것인가?
Бид цаашид яаж хөдлөх хэрэгтэй вэ?

쉽게 행동하면 안 된다!
Хөнгөн үйлдэл хийж болохгүй !

행복 аз жаргал

가정의 행복, 다행이
гэр бүлийн аз жаргал, азаар

당신의 행복을 기원합니다.
Танд аз жаргал хүсье.

행복한 аз жаргалтай, баяртай

행복했던 어린 시절, 안녕히 세요.
Аз жаргалтай бага нас, баяртай.

그가 나를 사랑한다는 생각에 행복을 느끼며 잠자리에 들었다.
Тэр надад хайртай гэсэн бодолдоо аз жаргал мэдрэн орондоо орлоо.

그 부부는 서로 아끼고 행복하게 살고 있다.
Тэр эхнэр нөхөр хоёр бие биеэ хайрлан аз жаргалтай амьдарч байна.

행위 **үйлдэл**

부정 행위
буруу үйлдэл, идэвхигүй үйлдэл

어떤 행위를 하다.
Ямар нэгэн үйлдэл хийх.

향상 **нэмэгдэх, сайжрах**

생활 수준의 향상, 임금 인상, 노동 생산성 향상, 물가 폭등
амьдралын түвшин дээшлэх, цалингийн өсөлт,хөдөлмөрийн бүтээмж нэмэгдэх,барааны үнийн өсөлт

환자는 다시 열이 조금 올랐다.
Өвчтөний халуун дахин бага зэрэг нэмэгдсэн байна.

허가하다 **зөвшөөрөх**

의사는 환자에게 산책을 허락했다.
Эмч өвчтөнд салхилахыг зөвшөөрсөн.

어머니는 내가 휴가 가는 것을 허락했다.
Ээж намайг амралтанд явахыг зөвшөөрсөн.

허리띠 бүс, тэлээ

그녀는 빨간 벨트를 하고 있다.
Тэр улаан бүс зүүдэг.

좋은 허리 띠를 선물로 받았다.
Сайн тэлээ бэлгэнд авсан.

헤엄쳐가다 сэлэх, сэлж явах

저쪽 기슭으로 헤엄쳐가자.
Тэр талын эрэг рүү сэлье.

그는 수영을 잘 한다.
Тэр сайн сэлдэг.

혁명 хувьсгал

위대한 사회주의 10월혁명, 문화혁명
агуу социализмын 10 дугаар сарын хувьсгал, соёлын хувьсгал

모든 혁명에서 중요한 문제는 권력의 문제이다.
Бүх л хувьсгалын гол асуудал нь эрх хүчний асуудал байдаг.

현관 үүд, үүдний хэсэг

그녀는 현관에서 외투를 벗었다.
Тэр үүдэнд гадуур хувцасаа тайлав.

현관 문을 열지 마세요.
Үүдний хаалгыг битгий онгойлгоорой.

현대적 орчин үеийн

현대적 설비
орчин үеийн төхөөрөмж

새롭고 현대적인 기술이 우리 산업의 기초를 이루고 있다.
Шинэ, орчин үеийн технологи бидний ажлын үндсийг тавьж өгдөг.

현상 байдал, байр байдал, үйл явц

자연 현상, 이상한 현상
байгалийн байдал, сонин байдал

국제정세
олон улсын байдал

현실 бодит байдал

이것은 꿈이 아니라 현실이다.
Энэ бол зүүд биш, бодит байдал.

현실화
бодит болгох, бодитжуулах

협력 хамтран ажиллах

신문은 사회주의 국가들의 협력에 관한 사설을 실었다.
Сонин дээр социалист орнуудын хамтын ажиллагааны талаар нийтлэл нийтлэгджээ.

협조 계약에 서명했다.
Хамтран ажиллах гэрээнд гарын үсэг зурсан.

협상 хэлэлцээр

협상의 결과 대표 단장들은 무역 협정에 서명했다.
Хэлэлцээрийн үр дүнд төлөөлөгчдийн багийн дарга нар худалдааны хэлэлцээрт гарын үсэг зурлаа.

협상하다
хэлэлцээр хийх

형무소 шорон

그는 형무소에 투옥됐다.
Тэр шоронд хоригдох болсон.

형무소에서 나오다.
Шоронгоос гарах.

형식 хэлбэр

구형, 통치형태, 형식과 내용
бөмбөрцөг хэлбэр, захирах, хэлбэр ба агуулга

지구는 구형이다.
Дэлхий бөмбөрцөг хэлбэртэй.

형제 ах дүүс

그는 형제가 2명이다.
Тэр ах дүү хоёулаа.

그는 형제의 정으로 친구를 사랑했다.
Тэр ах дүүгийн хайраар найзаа хайрласан.

호수 нуур

담수호
цэнгэг устай нуур

호수에는 작은 섬이 있다.
Нуурын дунд жижигхэн арал байдаг.

호주머니
халаас, карма

서류는 내 호주머니 속에 있다.
Бичиг баримт миний дотуур халаасанд байгаа.

주머니가 없는 바지
халаасгүй өмд

호텔 зочид буудал

우리는 새로 지은 호텔에 투숙했다.
Бид шинээр баригдсан зочид буудалд буусан.

오성호텔
таван одтой зочид буудал

혹은 эсвэл

너는 기차를 탔니, 아니면 배를 타고 갔니?
Чи галт тэргэнд суусан уу, эсвэл завинд суусан уу?

너 학교에 갔니 혹은 집에 있었니?
Чи сургууль руугаа явсан уу, эсвэл гэртээ байсан юм уу?

홀 заал

영화관에는 커다란 홀이 있다.
Кино театрт том заал байдаг.

문화 홀에는 오늘 좋은 행사가 열린다고 들었다.
Соёлын зааланд өнөөдөр сайхан арга хэмжээтэй гэж дууллаа.

화가 зураач

나는 화가가 되길 꿈 꾼다.
Би зураач болохыг мөрөөддөг.

우리 친구 아버지는 몽골에서 유명한 화가입니다.
Манай найзын аав монголд алдартай зураач.

화내다 уурлах

너는 누구에게 화를 내고 있니?
Чи хэнд уурлаад байгаа юм бэ?

그 사람의 편지를 읽고 나서 그녀는 화를 냈다.
Эмэгтэй тэр хүний захиаг уншаад уурласан.

화요일 мягмар гариг

화요일부터 나는 한가합니다.
Мягмар гаригаас эхлээд би завтай.

매주 화요일에 도서관에서 공부한다.
Мягмар гариг болгонд номын санд сууж хичээлээ хийдэг.

화장실 ариун цэврийн өрөө

실례지만 화장실이 어디 있습니까?
Уучлаарай, ариун цэврийн өрөө хаана байдаг вэ?

화장실을 깨끗이 쓰세요.
Ариун цэврийн өрөөг цэвэрхэн ашиглаарай.

화재 гал түймэр

산불, 전쟁의 불길, 화재보험
уулын түймэр, дайны түймэр, гал түймрийн даатгал

성냥을 가지고 놀면 화재의 위험이 있다.
Чүдэнзээр тогловол гал түймэр гарах аюултай.

화학 хими, химийн шинжлэх ухаан

화학은 경제에 커다란 역할을 한다.
Химийн шинжлэх ухаан эдийн засагт том үүрэг гүйцэтгэдэг.

그는 화학공장에 취직했다.
Тэр химийн үйлдвэрт ажилд орсон.

확신하는 итгэлтэй

그녀는 용기 있고 자신에 차 있다.
Тэр эмэгтэй зоригтой, өөртөө итгэлтэй

그는 박씨가 약속을 지키리라고 확신한다.
Тэр Пакийг амлалтаа биелүүлнэ гэдэгт итгэлтэй байна.

환경 орчин, байгаль орчин

환경 보호
байгаль орчны хамгаалал

인간의 성격 형성에 살아 온 환경이 커다란 의미를 갖는다.
Хүн төрөлхтөний зан үйлд хүрээлэн буй орчин их ач холбогдолтой.

환자 өвчтөн

이 환자는 체온이 높다.
Энэ өвчтөний биеийн халуун өндөр байна.

그녀에게는 병든 아버지가 있다.
Тэр бүсгүйн аав өвчтэй.

활동 үйл ажиллагаа, үйл хэрэг

이 책들은 저명 학자들의 활동에 관한 이야기이다.
Энэ номууд бол алдартай эрдэмтдийн үйл хэргийн талаарх номууд.

작가의 생과활동
зохиолчийн амьдрал ба үйл ажиллагаа

회 удаа

다시 한 번
дахиад нэг удаа

그녀는 몇 번이고 그의 편지를 읽었다.
Бүсгүй түүний захидлыг хэд хэдэн удаа уншлаа.

회원 гишүүн

정회원
үндсэн гишүүн

그는 우리 클럽의 회원이다.
Тэр манай клубын гишүүн.

회의 хурал, цуглаан

그는 부회의에 참석하러 떠났다.
Тэр яамны хуралд оролцохоор явсан.

군비 축소 문제에 대한 회의가 계속되고 있다.
Цэргийн зардлыг багасгах талаар хуралдаж байна.

회장 дарга, ерөнхийлөгч

국제 학생 연맹 회장이 기자의 질문에 답했다.
Олон улсын оюутны холбооны дарга сэтгүүлчдийн асуултанд хариуллаа.

내일 우리 반 회장 선거가 있다.
Маргааш манай ангийн даргыг сонгох өдөр.

훌륭하게 гайхмаар, сайхан

이 곳은 쉬기에 아주 좋다.
Энэ газар амрахад маш сайхан.

타미라는 나의 훌륭한 친구이다.
Тамираа бол миний гайхмаар сайн найз.

훌륭한 гайхалтай

어느 화창한 날
нэгэн гайхалтай өдөр

그들은 훌륭한 성과를 거두었다.
Тэд гайхалтай үр дүнд хүрсэн.

훨씬 хамаагүй

훨씬 더 좋게, 훨씬 더 많이, 훨씬 더 적게
хамаагүй сайн, хамаагүй олон, хамаагүй цөөн

그는 아버지보다 훨씬 더 크다.
Тэр аавaacaa хамаагүй өндөр.

휘발유 шингэн түлш, бензин

많은 택시들이 휘발유나 가스로 다닌다.
Олон такси, машинууд хийн түлш болон бензинээр ажилладаг.

요즘 휘발유 값이 많이 올랐다.
Сүүлийн үед бензиний үнэ их өслөө.

휴식 амралт

휴양소
амралтын газар

박사장님이 제주도에서 가족과 휴식을 하고 계신다.
Пак захирал гэр бүлийнхэнтэйгээ Жэжүдүүд амарч байна.

흐름 урсгал

흐름에 따라, 문학사조
урсгал дагуу, уран зохиолын аяс

이 장소는 물살이 아주 빠르다.
Энэ хэсэг түргэн урсгалтай.

흙 шороо

경작, 흑토대
атар газар, шороон суурь

흙 먼지가 많은 땅
шороо тоос ихтэй газар

희망 хүсэл

열망, 희망에 따라
дүрэлзсэн хүсэл, хүслээ дагаад

어떠한 일이 있더라도 희망을 잃지 마세요.
Юу ч тохиолдсон хүсэл эрмэлзлээ орхиж болохгүй.

힘 хүч

그는 팔 힘이 대단하다.
Тэр гарандаа маш хүчтэй.

나는 힘이 다 빠졌다.
Миний хамаг хүч барагдчихлаа.

힘들게 хүнд, хүндээр

무거운 짐을 실은, 중상을 입은
хүнд ачаа ачсан, хүнд шархадсан

중공업 공장
хүнд үйлдвэр

힘들다 бэрх, хэцүү

당신 부탁을 들어 드리기 어렵습니다.
Таны гуйлтыг хүлээж авахад хэцүү байна.

힘든 것이 있을 때 도와주는 친구는 진짜 친구입니다.
Хүнд бэрх үед туслдаг бол жинхэн найз байдаг.